CLINICAL DEVELOPMENTAL PSYCHOLOGIST

臨床発達心理士
わかりやすい
資格案内

［第4版］

一般社団法人
臨床発達心理士認定運営機構［編］

金子書房

序にかえて

一般社団法人 臨床発達心理士認定運営機構代表理事

本郷一夫

　臨床発達心理士認定運営機構は，「発達的観点に基づき人の健やかな育ちを支援する」という理念に基づき，2001年12月に設立された。当初，4学会の連合資格として設立されたが，2009年4月に一般社団法人として組織変更された。

　現在までに4,000名以上の臨床発達心理士が誕生し，北海道から九州・沖縄までの全国20支部に所属し，自治体と連携しながら発達支援に携わっている。具体的には，乳幼児期（保健所，保育所・幼稚園，子育て支援センター，通園施設・リハビリテーションセンター，児童相談所など），学齢期（特別支援学校，特別支援学級，通級指導教室，教育相談，適応指導教室，学童保育など），成人・老年期（障害者施設，作業所，老人病院，老人保健施設，老人ホームなど），その他，母子生活支援施設，発達クリニック，障害者職業センターなど生涯発達に関わる場で活躍している。

　臨床発達心理士の特徴の一つとして，豊富な研修の場が用意されていることが挙げられる。全国大会，全国研修会，関連学会と共催のシンポジウムに加え，全国20支部が年間複数回実施する支部研修会（他の支部会員も参加可能）など多様な学びの場が提供されている。これによって，臨床発達心理士は最新の知識に基づく高い専門性を獲得，維持できるのである。なお，臨床発達心理士が常に研修やスーパービジョンを受け，自分の専門性を高めることは，「臨床発達心理士倫理綱領」にも明記され，重要な責務であると位置づけられている。

　発達支援の専門家を目指す方は，本書を熟読し，臨床発達心理士の資格を得て，全国で活躍されることを願っている。

目　次

第1章

臨床発達心理学とは何か

第 1 節　臨床発達心理学とは何か

1．臨床発達心理学の誕生

　臨床発達心理学（Clinical Developmental Psychology）は，名前からすると臨床心理学と発達心理学とを合わせた学問領域のように見える。しかし，その基盤は発達心理学にある。2001年12月に誕生した臨床発達心理士認定運営機構（JOCDP: Japanese Organization of Clinical Developmental Psychologist）の設立を巡る議論の中では，発達心理士（Developmental Psychologist）という名称が検討されたこともあった。しかし，最終的には「臨床」を重視する姿勢を明確にするという点から，臨床発達心理士という名称が採用された。なお，ここでの臨床の意味は「目の前の人向き合う」という意味であり，人の主観的，一方的理解ではなく，「発達支援のニーズがある人に客観的に向き合う」ことも含んでいる（本郷，2017）。

　ちなみに，臨床発達心理学の英語訳である Clinical Developmental Psychology という用語は，臨床発達心理士認定運営機構が設立される前からある。但し，臨床発達心理学ではなく，発達臨床心理学と表記されていた。山口（1995）によれば，発達臨床心理学は，当時，誕生したばかりの学術用語であり，発達心理学の基本的方向を踏まえて，障害を示す子どもの状態像の記述，客観的な発達の評価，治療や療育への指針，予後についての予測が主な課題となるとされている。また，心理臨床との対比から，発達臨床の対象を主として子どもや保護者とされている。しかし，現在，私たちが関わっている臨床発達心理学の対象はもっと広い。もちろん障害がある人も含まれるが，いわゆる典型的な発達をしている人（typically developing person）も含まれる。また，子どもだけではなく，青年期，成人期，高齢期にある人もその対象とされる。その点で，臨床発達心理学は，初期の発達臨床心理学と比べて，より広範な人々を対象とし，その人の理解に基づく支援を目指す学問領域だと言える。

2．臨床発達心理学の基礎としての発達心理学

　発達心理学はその誕生の経緯から 3 つの視点をもつ。第 1 に，発生的視点で

ある。いわゆる生物の進化の視点に基づく「系統発生」と個人の発達である「個体発生」の両方を考慮する。当初，発生的視点は，ダーウィン（Darwin, C.）の進化論に見られるような生物学的基盤に基づく人の変化を想定していた。しかし，近年では，前提として生物学的基盤を想定するものの，広く人の一生における変化全般を指すものへと変化している。

　第 2 に，社会・文化的視点である。人の発達は，生物学的特徴だけではなく，その個人が生活する社会・文化の影響を大きく受ける。このような，社会・文化的視点は，ブロンフェンブレンナー（Bronfenbrenner, U.）によって「生態学的システム理論」（ecological systems theory）として精緻化された。また，彼は後にこれに時間軸（クロノシステム）を加えた。これは第 1 の発生的視点と第 2 の社会・文化的視点を統合したものだと言えよう。

　第 3 に，段階論的視点である。発達段階という概念は，人の変化が非連続的なものであることを表す。同時に，段階論的視点には，人の発達に対する環境の影響はその個人がどの発達段階にいるのかによって異なるといった意味が含まれる。この点について，バルテス（Baltes, P.B.）は，発達を「年齢・成熟的要因」，「世代・文化的要因」，「個人的要因」の 3 つの要因の関わりとして描く仮想的モデルを提案した。すなわち，幼児期・児童期では年齢・成熟的要因の影響力が最も強く，青年期になると世代・文化的要因の影響力が増し，成人期から老年期にかけては個人的要因の影響が最も強くなることを示した。

　これに関連して，近年では，一卵性双生児と二卵性双生児の類似性から遺伝と環境の影響を検討する行動遺伝学の研究が進められている。行動遺伝学の三原則では，共有環境（双生児に共通な家庭環境）は遺伝子の影響よりも小さく，その遺伝子よりも非共有環境（双生児でもそれぞれに独自な環境）の影響が大きいことが示されている。しかし，遺伝的要因と環境的要因は必ずしも独立ではないことにも注意する必要がある。たとえば，人の働きかけに対してよく反応する赤ちゃんの方がそうでない赤ちゃんよりも周りの大人から多くの働きかけを受ける傾向がある。さらに，エピジェネティックス（後生遺伝学）では，遺伝子としては受け継がれてもその後の環境等によって遺伝子がうまく働いたり（活性化），働きが抑えられたり（抑制）する現象が報告されている（本郷，2018a）。

3．臨床発達心理学の3つの観点

　臨床発達心理学の背景には，発達心理学の3つの視点がある。人の理解と支援という点から，この発達心理学の3つの視点を組み替えることによって，新たに3つの臨床発達的観点が導かれた。すなわち，①「今ここにおける発達の理解（生物・心理・社会）」，②「生成としての発達理解（進化・歴史・個体史）」，③「発達の多様性・具体性・個別性の理解」という3つの観点である（一般社団法人　臨床発達心理士認定運営機構，2019）。

　①　今ここにおける発達の理解（生物・心理・社会）

　たとえば，何らかの問題を抱え，日常生活に困難を抱える子どもがいたとしよう。その子どもを支援するためには，まずその子どもの状態を理解することが必要となる。心理の専門家は，最初にその子どもの心理的状態を把握することを目指すかもしれない。しかし，心理的状態は子どもの生物学的状態に影響を受けている。また，子どもの周りの人々との関係やその子どもの所属する社会・文化の影響も受けている。その点で，その子どもの現在の発達状態（「今ここにおける発達」）を理解するためには，生物・心理・社会といった多様な側面から子どもを捉える必要がある（発達心理学における発生的視点と社会・文化的視点に基づく「多要因性」）。

　②　生成としての発達理解（進化・歴史・個体史）

　子どもの現在の状態は，子どもを取り巻く現在の環境や生物学的状態によってのみ規定されるわけではない。その子どもがそれまでどのような環境の中で育ってきたかといった子どもの生活の歴史（個体史）によって規定される。また，そのような個体史は，生物の進化の過程（進化）や社会・文化の変遷（歴史）の中に埋め込まれている。その点で，子どもの抱える問題を理解するためには，「生成としての発達理解（進化・歴史・個体史）」という視点が欠かせない（発達心理学における発生的視点と社会・文化的視点に基づく「時間軸」）。

　③　発達の多様性・具体性・個別性の理解

　発達心理学は，人の発達に関する一般的な法則についての多様な知識を提供している。目の前の人を理解しようとするとき，そのような一般的法則を知っていることは大きな助けとなる。しかし，すべての人がその法則に示される順番に，標準的な発達年齢の通りに発達するわけではない。その点で，発達上の

困難や問題に直面している人たちへの支援に当たっては，目の前の人を典型的発達（定型発達と言われる場合もある）からの逸脱として捉えるだけではなく，発達の多様性という観点からの人の理解と支援が重要となる。固定的な発達観に基づく支援は効果的でないばかりか，その人をかえって苦しめることにもなりかねない。その点から，「発達の多様性・具体性・個別性の理解」が重要となる（発達心理学における段階論的視点の拡張）。

4．臨床発達心理学の発展

　先にも述べたように，臨床発達心理学は発達心理学を基礎とした学問領域である。しかし，発達心理学が「基礎」であり，臨床発達心理学はその「応用」であるといった単純な二分法的理解は必ずしも正しくない。むしろ，臨床発達心理学は，発達心理学の「中核」あるいは「基礎」であり，さらにいえば発達心理学の新たな「拡張」であるとも位置づけられる（麻生，2011）。すなわち，臨床発達心理学の実践は，発達心理学の研究を刺激し，新たなテーマを提示することに繋がる。さらには，通常の発達心理学的研究の中では解明できない要因間の交絡を解きほぐし，分析可能な状態として提示することを可能にする。その点で，臨床発達心理学の実践と研究が今後の発達心理学を発展させ，さらに発達心理学の発展が，臨床発達心理学の研究と実践を豊かにするといったように，両者は循環的関係にあると言える（本郷，2013）。

　最後に，臨床発達心理学がさらに発展していくためには，個別，具体的な問題を抱える人を理解し，支援するための実践および研究の蓄積が必要だという点について述べる。臨床発達心理学的実践や研究は，①個人や個人が生活している場の独自性を尊重し，②個人と個人を取り巻く環境との相互作用のパターンを解明することによって，③個人の生活を改善する，という特徴をもつ。その点で，臨床発達的実践や研究は，厳密な意味では再現性のない，一回限りの，個性記述的な性格をもっている。したがって，臨床発達心理学的実践や研究の過度な一般化は慎まなくてはならない。しかし，ある実践や研究が一般化と無縁なわけではない。むしろ，個々の実践や研究から得られた知見を蓄積し，類型化することによって一般化可能性を高めていく必要がある。すなわち，実践研究の結果確かめられた仮説や理論を再び実践の場に適用し，その妥当性を検

討すると同時に，実践の積み重ねから人の変化に影響を及ぼす要因の整理を行うという作業が必要となる（本郷，2018b）。このような実践と研究を通して，臨床発達心理学はさらに充実した学問領域へと成長すると考えられる。

【文献】
麻生　武（2011）．臨床発達心理学における「臨床」の意味　本郷一夫・金谷京子（編著）臨床発達心理学の基礎（pp. 2 -12）ミネルヴァ書房
本郷一夫（2013）．臨床発達心理士の専門性と果たすべき役割——「実践」と「基礎」との双方向性を通した発達心理学の発展　発達心理学研究, *24*（4），417-425.
本郷一夫（2017）．生涯にわたる発達をとらえる　山崎　晃・藤﨑春代（編）講座　臨床発達心理学　第 1 巻（pp. 2 -24）ミネルヴァ書房
本郷一夫（2018a）．発達の過程と変化のメカニズム　野島一彦・繁桝算男（監修）　本郷一夫（編著）公認心理師の基礎と実践12　発達心理学（pp.11-25）遠見書房
本郷一夫（2018b）．実践研究とは何か　——支援と研究——　本郷一夫（監修）　本郷一夫（編著）．実践研究の理論と方法（pp. 2 -11）金子書房
一般社団法人　臨床発達心理士認定運営機構（2019）．臨床発達心理士認定申請ガイド——2019年度版——
山口俊郎（1995）．発達臨床心理学　岡本夏木・清水御代明・村井潤一（監修）発達心理学辞典　（pp.563-564）ミネルヴァ書房

（本郷一夫）

第 2 節　臨床発達心理士とは何か

１．臨床発達心理士の誕生の背景

　私たちは，生活し年齢を重ねるなかで，自分自身や家族，友人などに関して，また職業人としての立場にあって，様々な問題に出会う。そのなかには，周囲の人に話を聴いてもらったり，助言をもらったりすれば比較的簡単に解決できる問題もあるだろう。時が経てば自然に解決する場合もあるかもしれない。しかし，変容し続ける現代社会においては，多くの場合，問題の原因は複雑に絡みあっており，解決は簡単ではない。

　例えば，「自閉症スペクトラム（ASD）の A さんが学級で過ごすことができず保健室登校をしている」という問題があるとしよう。A さんの状況を「ASD のために集団に適応できない」と，その原因を単純に障害名に結びつけ

ることは，解決や支援にはつながらない。その状況には，A さんに固有の認知や社会性の発達特徴，身体的・医学的な問題，生育の歴史，学校教育や学校環境の状況，校内の教職員や児童生徒たちとの関係性，家庭状況，放課後の生活状況，インターネット環境の影響，教育・福祉などの制度のありようなど，多種多様な要因が絡み得るだろう。また，人が今どのライフステージにいるのかによって，周りの人々の問題に対する見方や問題の見え方，問題自体も変わってくる。例えば A さんが小学校低学年の場合，教師は主に「学習が遅れる，友だち関係がますます疎くなる」と悩むかもしれない。中学生であれば，将来の社会生活に向けたスキル獲得や自己理解への支援，進路などのキャリア形成にも支援ニーズが見えてくるかもしれない。

　このように，問題は，人を取り巻く環境のありようによって，そして時間の経過とともに，またその時々の支援の在り方によっても変化していく。したがって，問題の解決に当たっては，「問題が多様な要因によって成り立ち，生涯発達のなかで現れ，発達とともに変化していく」との視点に立つ理解が必要である。そして，そのような理解に基づいて適切な支援を行う専門家が求められる。そこで誕生したのが「臨床発達心理士」である。

　臨床発達心理士は，日本発達心理学会，日本教育心理学会，日本感情心理学会，日本パーソナリティ心理学会（旧 日本性格心理学会）による「学会連合資格『臨床発達心理士』認定運営機構」が認定する資格として発足し，2002年より認定が開始された。2009年度からは日本発達心理学会，日本感情心理学会，日本教育心理学会，日本コミュニケーション障害学会の 4 学会連合とし，一般社団法人となった。

　本資格は，様々な領域の基礎心理学をも含む，心理学界における統一資格の枠組の中で実現されるべきもの，と位置づけられて誕生した。そこで，資格認定にあたっては，オープンなシステムをとっている。例えば，資格申請には大学院修了，もしくは学部（4 年制）卒業の学歴を必要とするタイプがあるが，大学院・学部を指定校制にはしていない。申請に必要となる指定科目は複数の大学院で履修することが可能である。大学院での履修が困難な場合は，臨床発達心理士資格認定委員会の開催する指定科目講習会で履修することができる。また，大学院や学部は，発達心理学の領域を中心とするものの，心理学全体を

見据える資格として，さらに，隣接する諸科学をも視野に入れた「発達心理学
隣接諸科学」を学修する大学院修了・学部卒業であることを申請要件としてい
る。隣接諸科学とは，教育学，保育学，社会福祉学，医学，看護学等々である。
また，様々な臨床現場で働く現職者も資格申請が可能である。さらに，2019年
度より，公認心理師有資格者の資格申請にも途を開いた。資格認定においては，
どの大学院やどの学部を出たかではなく，臨床発達心理学・発達臨床に関する
専門的知識と，発達臨床の支援の技能があるかどうかが問われるのである。

2．臨床発達心理士の専門性

臨床発達心理士は，人々の生涯発達の過程に寄り添い「人の健やかな育ちを
支援する専門家」である。

その専門性の第1は，人を発達的に理解する専門性である。例えば，「幼稚
園には毎日元気に通い特に手がかからなかったが，小学校入学後，授業中落ち
着いて座っていられない，教師の指示通りに動けない小学1年生の子ども」が
いるとしよう。そのとき，この子どもの行動を「不注意」，「自己コントロール
力が未熟」，「心の問題」などとして子どもの特性のみに原因があるとしたり，
「家庭のしつけの問題」，「親子関係の問題から生じる情緒不安定」などと家庭
の問題であるとしたりするなど，単純に結論づけてはならない。問題状況は，
子どもが生まれ持っているかもしれない何らかの発達上のリスク要因や発達の
偏りといった「生物学的要因」，子ども自身の狭い意味での現在の心理状態や
発達状況などの「心理的要因」，学校や家庭など子どもを取り巻く人的・物的
環境の在り方などの「社会・文化的要因」，といった「生物・心理・社会」の
3要因が相互に絡み合って表れている。このように，問題を成り立たせている
多要因を，包括的に捉えることが発達的に理解すること，すなわち発達的観点
の第1である。

第2に，人の現在の姿や行動は，時代の流れや家族の歴史という時間軸の中
で，過去から未来へと続く，個としての発達の歴史のうえに成り立っている。
現在の問題状況のみにとらわれることなく，この子どもがどのように乳児期か
ら幼児期を過ごしてきたのか，またこれからどんな発達課題が待っているのか
という，時間の流れから理解することが重要である。

　第 3 に，一人一人の発達は個別のものであり，誰しもが時と場合によっては支援ニーズを抱え得ると理解することである。「今までは手がかからなかった」としても，発達の過程でその姿は様々に変容していく。日々変化し成長しているからこそ，時々刻々と新しい課題に直面するのである。

　専門性の 2 つ目は，以上 3 つの発達的観点に立ち人を支援する技能である。まず，第 1 の発達的観点からは，「生物・心理・社会」の 3 側面から，その人の周りにある具体的な文脈に照らして，問題を，オーダーメイドかつ包括的にアセスメントし，多面的にアプローチする技能が求められる。

　また，第 2 の発達的観点としての時間軸から捉えると，例えば「問題行動」は，その意味が異なって見えてくるだろう。「問題行動」は，未来の発達へと向かうプロセスのなかにあるといえる。たとえば子どもは小学校に入学し，人生において初めて学業中心の集団生活を送る。養育者などの大人とのアタッチメントを基盤としつつ，自律・自立を求められる本格的な集団生活に入っていく。そして，それまで子どもが経験してきた幼稚園文化から，現在の小学校の文化になじんでいかねばならない。認知発達的にもピアジェの発達理論でいう「前操作期」から「具体的操作期」に移行する。学校では書きことばに基づく系統的な学習が開始される。先の子どもは，それらのどこかでつまずいている状態かもしれない。マイナスとされる行動は，それがその人にとっての今の発達課題であるからこそ，危機となって表れる。それを乗り越えることによって次の発達に繋がるのである。したがって，「落ち着いて座って教師の話を聞かせるにはどうしたらよいか」といった，対症療法的な「問題それ自体をなくす」，「その場の適応を目指す」支援に焦点を当てるのではなく，問題を起こしている発達の課題にアプローチし，短期的・長期的な視野をもって発達そのものを促すことが支援目標となる。

　そして第 3 の発達的観点である個別性の視点からは，「今までは手がかからない子だった」ではなく，「今，支援ニーズが見えてきた，成長のチャンス」として支援計画を立てる。また，発達支援として，強みや健康な側面へのアプローチも含まれる。

3．臨床発達心理士の職域

　臨床発達心理士は，子どもから大人まで生涯にわたって支援している。また，支援の職域や場所も幅広く，クリニックや専門機関だけでなく，保育所や学校，施設など，日常の生活の場面で支援を行っていることに特徴がある。

　乳幼児期では，保健センターにおける健診や発達相談の担当者，保育所・幼稚園等における特別な支援ニーズのある子どもを担当する保育者・教諭や巡回相談員，発達支援センターにおける相談員，療育施設などでの担当者などがある。学齢期・青年期では，特別支援教育に携わる教諭，養護教諭，スクールカウンセラー，教育センターの相談員，特別な支援ニーズのある児童を育成する放課後児童クラブの放課後児童支援員（学童保育指導員）や放課後等デイサービスの職員，大学の学生サポートセンター・障害学生支援センターなどの担当者，児童自立支援施設の指導員，少年院の法務教官や心理担当者などがある。子どもをめぐる幅広い世代への支援として，児童相談所における児童福祉司や心理担当者，福祉事務所の担当者などがある。成人期・老年期では障害者施設，高齢者施設の担当者などがある。さらに，生涯発達の支援者として，医療機関や障害者職業センターの担当者，家庭裁判所の調査官などがある。また，臨床の学問的基盤を支える臨床発達心理学の研究者も含まれる。

　さらに，個々の臨床活動に加えて，全国の自治体や公的機関との連携による活動も広がっている。例えば，研修会の講師，司法機関との連携，保育所や学校への巡回相談員の派遣などの活動が展開されている。そして，東日本大震災や熊本地震など，災害で被災した人々への支援も行っている。

4．今後の展望と将来性

　2015年9月，国家資格「公認心理師」が誕生し，2018年よりその資格認定が開始された。公認心理師は様々な分野にまたがる領域横断的な汎用性のある資格である。それに対して，臨床発達心理士は，臨床発達心理学・発達臨床支援の専門性を有する資格である。2019年1月現在，資格取得者は4,000名強となり，北海道から九州・沖縄までの20支部において，地域と結びついた臨床活動を展開している。2009年度からは臨床発達心理士スーパーバイザー資格も誕生した。

　現代社会は，育児不安，児童虐待，発達障害，いじめ，不登校や引きこもり，インターネット依存，性的少数者，多言語・多文化の人々との共生，大きな自然災害の被災など，問題・課題は絶えない。障害のある人々については，わが国が「障害者権利条約」を2014年に批准したことにより，特別支援教育をさらに発展させたインクルーシブ教育が推進されようとしている。2016年には「障害者差別解消法」が施行され，共生社会の実現に向けた取り組みが本格的に開始された。また，経済格差の拡大は「子どもの貧困」を生み，発達格差や教育格差を広げている。平均寿命の伸びと共に，老年期におけるサクセスフル・エイジングの課題や介護問題などもますます増大するなど，新たなニーズが次々と発生している。人の生涯発達に寄り添い，時代のニーズに合わせ，発達の科学に関する高度な専門性をもって支援する臨床発達心理士の活動は，一層求められていくであろう。

【文献】
西本絹子・藤崎眞知代（編著）(2018)．臨床発達支援の専門性（講座・臨床発達心理学　第2巻）ミネルヴァ書房

（西本絹子）

第3節　臨床発達心理士と公認心理師

　2019年に，心理学を基盤として対人援助を行っている者の国家資格である「公認心理師」が初めて誕生した。臨床発達心理士の未来を考える上で，公認心理師との関係を考えないわけにはいかない。臨床発達心理士認定運営機構では，いち早く資格取得にあたっての申請タイプに公認心理師用のものを加え，すでに公認心理師資格取得後に臨床発達心理士の資格を取ろうとする人が出てきている。こうした公認心理師資格取得後に臨床発達心理士を取得する人は今後も増えてくると考えられる。一方で，現会員が国家資格である，公認心理師資格を取得することも当然考えられる。現状での臨床発達心理士の公認心理師資格の受験者数などについては，2019年6月に実施された職能問題検討委員会による Web 調査がある。第1回目の公認心理師資格の試験について調べたも

のである。全体の会員の約32％に当たる1,272名から回答を得たが，そのうち，受験者が694名と約半数で，そのうちの合格者は574名であり，合格率は82.7％である。これから考えると，現会員の半数近くが公認心理師の資格を取得していくものと思われる。

したがって，現在の公認心理師と臨床発達心理士のダブル資格者は，臨床発達心理士が公認心理師の現任者講習を受け資格を取得する，あるいは公認心理師の資格を取得した人が臨床発達心理士の資格を取得するかのいずれかだが，現任者の経過処置が終われば，後者のみとなってきてその数が増えてくることは必然である。今後，日本臨床発達心理士会の会員は，公認心理師という国家資格を併せもつ臨床発達心理士と，もたない臨床発達心理士になるというわけである。

国家資格である公認心理師は，心理臨床に携わる者が長年切望してきた資格であった。長い変遷を経て，2015年9月9日に公認心理師法が成立し，2017年9月15日に施行され，わが国初の心理職の国家資格として，「公認心理師」制度が推進されることになった。試験機関は，一般財団法人日本心理研修センターとなり試験委員が制定されて，2018年9月に第1回の国家試験が行われた。第1回目の一週間前には北海道胆振東部地震があり，北海道会場のみ，後日試験が行われるという緊急事態も生じた。こうして，2019年には，日本で初めての心理学を基盤とした対人援助職の国家資格保持者である公認心理師が，誕生したのである。資格登録者数は，2019年3月末で24,000人に及ぶ。

さて，公認心理師の受験資格は，心理学系の学部で規定の科目を学んだのち臨床経験を2年積む，あるいは同様に学部で学んだのち大学院でやはり規定の科目および実習を行った者であるが，2018年より5年間は，現任者が規定の研修を受けることで，公認心理師試験の受験資格を持てるようになっている。公認心理師という心理学を基盤とする対人援助職の国家資格制度により，一定の資質が維持された心理専門職者が多く生まれ，広く国民の精神的健康に貢献できることが望まれている。さらに，公認心理師有資格者は，社会の変化に沿って生じるさまざまな課題に対応できるために，たゆまない資質の向上が求められる。

公認心理師の職務について考えると，厚生労働省によれば，「公認心理師と

は，公認心理師登録簿への登録を受け，公認心理師の名称を用いて，保健医療，福祉，教育その他の分野において，心理学に関する専門的知識及び技術をもって，次に掲げる行為を行うことを業とする者をいう。

1．心理に関する支援を要する者の心理状態の観察，その結果の分析
2．心理に関する支援を要する者に対する，その心理に関する相談及び助言，指導その他の援助
3．心理に関する支援を要する者の関係者に対する相談及び助言，指導その他の援助
4．心の健康に関する知識の普及を図るための教育及び情報の提供

とされている。さらに，公認心理師の職域には，①保健医療，②福祉，③教育，④司法・犯罪，⑤産業・労働の5分野が設定されている。

　一方，公認心理師は，国家資格であり一旦取得すれば，更新はない。したがって，研鑽を積み続けなければならない臨床の仕事において，どう質を担保するかということが大きな課題となる。取得後5年では指導者研修が設けられており，厚生労働省によれば「実習指導者は，公認心理師の資格を取得した後，法第2条各号に掲げる行為の業務に5年以上従事した経験を有する者であって，かつ，実習指導者を養成するために行う講習会であって文部科学大臣及び厚生労働大臣が別に定める基準を満たすものとしてあらかじめ文部科学大臣及び厚生労働大臣に届け出られたものを修了した者であること」と定められている。もちろん，これだけでは，公認心理師としての職務を全うするには十分とは言えない。5年未満およびそれ以後の，さらなる研修が必須である。公認心理師の団体（現在は，公認心理師協会と公認心理師の会が主である）では，すでに積極的な研修会を始めているが，今後，公認心理師の生涯教育ともいえる研修プランが，出されると考えられる。

　一方，公認心理師の専門性も重要である。公認心理師への相談者も，専門が何かわからないと自分の問題について誰が相談相手としてふさわしいのかもわからない。医師が内科・外科というように専門によって診療科目が分かれているように，将来的には，公認心理師の上に専門資格といったものが作られる必要がある。これによって，その専門性を見て初めて相談者は自分にふさわしい公認心理師を選ぶことができる。また，当然であるが，その高い専門性が担保

されることが必要となる。公認心理師の職域には，前述のように5分野である
が，これらの領域のどれが専門であるのかを示す専門資格が作られる可能性が
高いと推察される。これらの領域について，2015年の日本臨床発達心理士会の
職能問題検討委員会の調査では，会員のうち54％が教育領域，27％が福祉領域，
13％が保健医療領域であった。この3領域についてか，あるいは，これらの中
の発達分野についてか，いずれかについて研修と育成を担っていくことが日本
臨床発達心理士会にも求められる可能性がある。さらに，現任者の資格取得が
終わる2023年度以降に公認心理師となる人たちは，本当に心理の基礎知識を身
につけた段階，つまり，心理臨床全般を必要最低限学んだだけの人たちと考え
られるので，それぞれの公認心理師が，その後どのような分野を専門としてい
くのかが個人においても社会においても重要となる。おそらく，就職した職場
で求められる専門性を身につけていくことになるのであろうし，また，一部に
は，自分の興味に基づいて専門を決めて，それを深めていく人もいるだろう。
いずれにしても，公認心理師をベースにもち，その上で発達という専門性をも
つ心理師を育てることが，今後の日本臨床発達心理士会の役割の1つになると
考える。

　現在，日本臨床発達心理士会は日本公認心理師協会の協力要請に応じて協力
を表明しているが，日本公認心理師協会では，基幹的研修の上に，指導者研
修・エキスパート研修（仮称）といった心理臨床に必要な一般的な知識・技能
を学ぶ研修と，これらの研修と並行しての専門研修をおくなどの構想を立てつ
つある。ただ，これもまだ不確定な段階であり今後も新しい研修制度が発表さ
れると考えられる。日本臨床発達心理士会には，こうした公認心理師を束ねる
団体と協力しながら，発達心理学を基盤とする専門性のある心理師を養成する
という，大きな責任があるとも言える。こうした養成のシステムにどういう方
法があるのかについては，まだまだ未知数であるが，そのシステムを作り上げ
ることも，今後の臨床発達心理士の大きな仕事となると考えている。

　今後，日本臨床発達心理士会には，今までの道筋で臨床発達心理士になる人
と，公認心理師をベースにしてその専門性として発達分野を取る人がいるよう
になるわけである。また，さらに前者には，公認心理師の資格要件を満たすが
敢えて受験しない人，公認心理師の要件を満たさない人（教師，保育士，医師

などが考えられる）がいると考えられる。日本臨床発達心理士会は，こうした会員全体に貢献できれなければならない。このような心理職だけではない，多職種がいることが，日本臨床発達心理士会の大きな特徴でもあり長所でもあると考えられる。多職種がその専門領域から発達という軸で協力して対人援助をしていけることが，大きな力となると考えられる。日本臨床発達心理士会会員の多様性が，生涯発達という枠組みの中で，幅広い支援とより深い支援を可能にするのである。

（黒田美保）

第 2 章

臨床発達心理士に
なるためには

第1節　どういう人が臨床発達心理士に　　なれるのか

　臨床発達心理士は，発達的観点に基づいたアセスメントと支援を特徴とした心理士資格である。乳幼児期から老年期までの幅広い各ライフステージにおいて，発達的観点に立って臨床発達支援の専門性を高めたいという方にとって，関心の高い資格と考えられる。臨床発達心理士の専門性とは，私たちが生涯発達の中で直面する心理的問題や適応の困難さの解決に向けて，人間の発達に関する的確な知識や豊かで包括的な視点による理解をしていくことが基本となる。それはこれまで受けてきた教育歴及び教育内容に培われる側面と，実践や実習といった臨床経験によって培われる側面がある。臨床発達心理士の場合には，典型発達・非典型発達，基礎理論と臨床といった両面から，発達していく個人や家族，社会に対して支援していこうとする使命感を持つことに他ならない。

　臨床発達心理士にとって必要な知識は

　・発達心理学を中心とした心理学諸分野の科学的・理論的な知識
　・人間が実際に発達する場に関する社会的・実践的な知識
　・人間の発達をアセスメントし支援する臨床的・技能的な知識

以上の3つをあげることができる。これらの知識をどの分野に依拠して学ぶかについては各々の興味・関心，職業等により多様な可能性がある。

　臨床発達心理士に対する関心は，発達心理学から出発する場合もあるであろうし，発達心理学以外の心理学諸分野からの場合もあろう。すなわち，子どもに関する諸科学である，保育学や教育学，児童学，児童文化から学ばれる方もあるであろうし，医療分野である，医学や看護学，リハビリテーション学から学び始めることもあろう。また，社会福祉学や体育学においても人間の発達を扱うことがある。さらに，人間学や社会学，住居学，食物学においても同様の学びが可能である。基礎的研究分野からでも臨床的研究分野からでも様々なアプローチができる。すなわち「発達心理学隣接諸科学」のいずれから学びを始めてもよいのである。しかし，最終的には臨床発達心理士に必要な3種類の知識をバランスよく身につけていなければ，臨床発達心理士の資格には到達でき

ない。さらに，専門家であるためには専門的知識の習得が求められることとなる。そのため大学卒業以上の学歴は必須のこととなり，大学院修了が望ましいといえる。

　次に，臨床発達心理士の資格取得に必要な技能や経験は，臨床発達支援に関するものであるかが問われる。臨床発達支援とはどういうものであろうか。これには「発達的観点」についての理解が不可欠となる。しかし，各実践現場における「発達的観点」の理解の仕方は画一化されるものではなく，一人の自立した支援者として，実践現場に即した「発達的観点」を確立することが求められる。それがないままでは，自らの実践が臨床発達支援に関するものであるかどうかを示すことができない。この点は心してほしいと願うところである。

　ここでは，一般的なものを例示することにする。まず注意すべきことは，臨床発達支援の場は，子どもを対象としたものに限らないことである。生涯発達を考えると，成人や高齢者も支援の対象となる。また，心理学に依拠した臨床的実践であるからといって，すべてが臨床発達支援に関するものとは限らない。それでは，臨床発達支援の活動としてはどのようなものが含まれるのだろうか。

　例えば次のようなものである。

・保健所や保健センターでの乳幼児期の健診や発達相談
・幼稚園や保育所での相談事業や子育て支援事業
・保育現場における障害児支援
・教育現場における特別支援教育
・障害児や障害が疑われる子どもへの支援事業や社会的養護の活動
・放課後等デイサービスや児童発達支援等の支援事業

などがあげられる。

　教育相談やスクールカウンセラーの視点としても発達的観点は欠かせない。東京都では，小学校の特別支援教室に対する巡回相談心理士として，臨床発達心理士は重要な役割を担っている。医療の分野でも，乳幼児期は特に発達を視野に入れた医療が重要となり，臨床発達支援の視点は欠かせないと考えられる。また，児童自立支援施設や司法・矯正分野においても然りである。

　養育者に対する支援事業は，子どもの発達支援と表裏一体の関係にあり，成人を対象とした分野においても，臨床発達支援の視点は重要となっている。ま

た，成人の障害者には，児童期と異なる課題が存在する。中高年期での問題や職業生活に絡んだ問題は，成人期での発達上の重要な課題であり，高齢期になると人生を全うするための発達の問題が様々に浮上することになる。

こうした問題に関わる臨床実践が臨床発達心理士として問われる技能・経験である。単に，幼稚園や保育所，学校で子どもに関わったということでは，臨床発達経験の実践経験としては認められないし，カウンセリングや心理療法の経験がいくら長くても，それが発達的観点からなされたものでない場合は，臨床発達支援の実践経験とは認めがたいのである。

（相澤雅文）

第2節　資格申請に必要な条件とは

2017年から資格申請制度が改定され，申請タイプが「タイプⅠ」，「タイプⅡ-1」，「タイプⅡ-2」，「タイプⅢ」，「タイプⅣ」の5種類となった（図2-1参照）。

それ以前と大きく変化した点は次の2点である。1つ目は，国家資格である「公認心理師」資格取得者が申請できることとなった点である。2つ目は，「公認心理師」資格が心理学大学卒業以上を前提としたことから，発達心理学諸科学以外の大学や，短期大学・専門学校を卒業した方が申請できるタイプを廃したことである。

臨床発達心理士の資格申請をするにあたっては，自分が受けてきた教育歴と臨床発達支援に関する実践の臨床経験年数を合わせて，以下に示す申請タイプの中から最も自分にあったタイプを判断し適切に選ぶこととなる。そのためには，それぞれのタイプの申請条件について十分，理解しておく必要がある。図2-1はどのタイプに該当するのかを分かりやすく示したものである。

（1）タイプⅠ（大学院修了タイプ）

大学院修士課程において，必要な教育歴と実習経験を満たすものであり，大学院修士課程修了後，臨床発達に関する実践経験年数が3年未満の者や，大学院博士課程在学中の者もこれに含まれる。以下の3つの条件を満たす必要があ

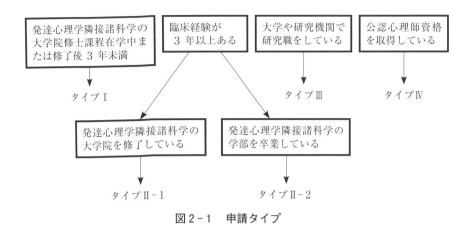

図2-1　申請タイプ

り，一次審査では書類審査に加えて，筆記試験を受験することが求められる。

① 発達心理学隣接諸科学の大学院修士課程を修了している（または，修了年度で修了見込みである）。

② 5つの指定科目のうち3つの指定科目（1科目4単位：ただし「臨床発達心理学の基礎に関する科目」と「臨床発達支援の専門性に関する科目」は必修である）のすべての単位を大学院の授業，または臨床発達心理士認定運営機構が開催する「指定科目取得講習会」で取得している（または申請年度において取得見込みである）。

③ 200時間以上の臨床発達支援に関する臨床実習の経験を有する（または，申請年度において修了見込みである）。現職者が大学院に入学した場合などは，一定の条件で臨床経験を臨床実習に換算することができる。

(2) タイプⅡ（現職者タイプ）

　現職者が申請することができるタイプである。「タイプⅡ-1」は大学院修了，「タイプⅡ-2」は学部卒業が要件となる。それぞれ以下の3つの要件を満たすとともに，一次審査では書類審査に加えて，筆記試験を受験することが求められる。ただし，筆記試験の受験を臨床実務経験に関する事例報告書の審査に替えることができる。

　・タイプⅡ-1（現職者：大学院修了タイプ）

① 発達心理学隣接諸科学大学院修士課程を修了している（または，修了年

度で修了見込みである）。大学院修士課程と同等と見なすことのできる6年生の大学学部卒業者や教育職員専修免許取得者は，同等の要件を満たしているものと見なされる。

② 3年以上の臨床発達支援に関する臨床実務経験を有する。

③ 5つの指定科目の内，3科目（1科目4単位：ただし「臨床発達心理学の基礎に関する科目」と「臨床発達支援の専門性に関する科目」は必修である）のすべての単位を大学院の授業，または臨床発達心理士認定運営機構が開催する「指定科目取得講習会」で取得している（または申請年度において取得見込みである）。

・タイプⅡ-2（現職者：学部卒業タイプ）

① 発達心理学隣接諸科学学部（4年生）を卒業している。公益社団法人日本心理学会が認定する「日本心理学会認定心理士」を取得している場合や，教育職員1種（1級）免許状取得者は，同等の要件を満たしているものと見なされる。

② 4年以上の臨床発達支援に関する臨床実務経験を有する。

③ 5つの指定科目の内，4科目（1科目4単位：ただし「臨床発達心理学の基礎に関する科目」と「臨床発達支援の専門性に関する科目」は必修である）のすべての単位を大学院の科目等履修制度，または臨床発達心理士認定運営機構が開催する「指定科目取得講習会」で取得している（または申請年度において取得見込みである）。

(3) タイプⅢ（研究者タイプ）

臨床発達心理学に関する研究者の方が申請することができるタイプである。次の2つの要件を満たす必要がある。

① 大学・研究所等の専門機関での5年以上の研究勤務歴を有する。ただし，教員としての勤務の場合には，非常勤講師としての勤務も研究勤務経歴として含めることができる。

② 臨床発達心理学に関する研究業績が5点以上ある。

(4) タイプⅣ（公認心理師タイプ）

公認心理師資格を有している方が申請することができるタイプである。以下の2つの要件を満たす必要がある。

① 　公認心理師資格を有する。
② 　臨床発達心理士認定運営機構が開催する「臨床発達専門講習会」を受講している。

（相澤雅文）

第3節　指定科目の学びかた

　臨床発達心理士になるためには，タイプⅠとタイプⅡについては，所定の指定科目を履修する必要がある。必要とされる指定科目は表2－1に示している。

表2－1　指定科目の一覧

臨床発達心理学の基礎に関する科目（必修）	4単位
臨床発達支援の専門性に関する科目（必修）	4単位
認知発達とその支援に関する科目	4単位
社会・情動発達とその支援に関する科目	4単位
言語発達とその支援に関する科目	4単位

　「臨床発達心理学の基礎に関する科目」と「臨床発達支援の専門性に関する科目」については必修であることに注意してほしい。1科目は4単位であり，通年（4単位）の授業1科目，あるいは半期（2単位）の授業2科目の履修に該当する。

　指定科目の履修には，大学院の講義科目を履修するか，臨床発達心理士認定運営機構が開催する「指定科目取得講習会」を受講するかの2つの方法がある。

⑴　大学院の講義科目の履修

　大学院の講義科目を履修するための方法は，大学院に入学して履修する場合と科目等履修生で履修する場合がある。科目は大学院で独自に設定され，科目名も様々である。科目名が異なっていても，内容から見て指定科目の条件を満たしている場合には，指定科目を履修したものとして認められる。

　各大学院があらかじめシラバス審査を申請し，臨床発達心理士認定運営機構から指定科目単位認定を受けている場合は，各自で指定科目の条件を満たしているか否かの判断を行う必要はなく，指定科目単位認定された科目の認定番号を示せばよい。シラバスの指定科目単位認定を受けている大学院については，臨床発達心理士認定運営機構のウェブサイト（https://www.jocdp.jp/license/

designated-subjects/）で公表されている。この際，シラバスの認定は年度ごとにされているため，自身が履修した年度に科目の認定がされているかの確認をすることが大切である。

　一方，臨床発達心理士認定運営機構から指定科目単位認定を受けていない場合は，履修した大学院の開講科目が，指定科目の条件を満たしているか否かの審査を受けることとなる。申請者は自身が履修した科目のシラバスの内容と指定科目基準（表 2 - 2 参照）の項目との対応を各自が申請書類で示し，審査を受ける。表 2 - 2 に示される指定科目基準の項目が大学院の授業科目のシラバスに12項目中 6 項目（50％）以上含まれている必要がある。

- ・必修である（a）「臨床発達心理学の基礎に関する科目」及び（b）「臨床発達支援の専門性に関する科目」では12項目中 6 項目以上含まれることが必要である。
- ・（c）「認知発達とその支援に関する科目」，（d）「社会・情動発達とその支援に関する科目」，（e）「言語発達とその支援に関する科目」については，「基礎」と「支援」がそれぞれ 6 項目中 3 項目以上含まれ，合計して 6 項目以上となることを満たさなければならない。

　ただし，複数の履修科目を合算して50％以上とすることもできるが，各履修

表 2 - 2　指定科目基準

(a)「臨床発達心理学の基礎に関する科目」	(b)「臨床発達支援の専門性に関する科目」
1．生涯発達と臨床発達心理学	1．臨床発達心理士の成立と基礎的専門性
2．発達のとらえ方	2．支援に関わる法律・法令・条約
3．発達の基礎理論	3．支援における倫理
4．現代社会の特徴	4．心理士の高度専門性
5．現代社会における発達支援	5．育児・保育支援
6．臨床発達支援の基礎的視点	6．育児支援の実際
7．臨床発達心理学的アセスメント	7．保育支援の実際
8．医学的情報とその利用	8．学校における支援
9．支援活動の展開	9．学童期における支援
10．支援におけるコミュニケーション	10．中・高校生における支援
11．臨床発達支援の基本的技法	11．青年期における支援
12．実践研究・事例研究	12．成人期以降における支援

科目にそれぞれ 2 項目以上含まれていなければ認められない。指定科目，1 科目を充足するためには 4 単位が必要である。したがって，指定科目の要件を満たすためには，通常の半期の大学院の科目（2 単位）であれば 2 科目以上の履修が必要となる。

(c)「認知発達とその支援に関する科目」

基礎	1．認知発達の生物学的基礎 2．認知発達のプロセス 3．対人関係の基礎としての認知発達 4．記憶と情報処理 5．知能 6．学力とメタ認知
支援	7．認知発達のアセスメント 8．認知発達の評価 9．認知発達の支援 10．対人認知の支援 11．学業不振に対する支援 12．高次脳機能障害のアセスメントと支援

(d)「社会・情動発達とその支援に関する科目」

基礎	1．社会・情動発達の基礎 2．情動の役割と発達 3．気質と個性, パーソナリティの発達 4．社会性の発達と集団参加 5．アタッチメントの発達 6．自己の発達
支援	7．社会・情動アセスメント 8．自閉症スペクトラム障害（ASD）における社会・情動の支援 9．問題行動の社会・情動支援 10．関係性の病理と支援 11．事故・災害と心的外傷への支援 12．異文化適応に対する支援

(e)「言語発達とその支援に関する科目」

基礎	1．言語発達の生物学的基礎 2．言語の発達 3．音声の理解と産出の発達 4．前言語期のコミュニケーション 5．話し言葉の発達 6．読み書きの発達
支援	7．言語発達のアセスメント 8．言語発達のアセスメントと支援の基本的考え 9．幼児期・学齢期の言語発達支援 10．障害特性による言語発達支援 11．語用論的アプローチによる言語発達支援 12．ディスレキシアのアセスメントと支援

表2-3　指定科目の一覧

臨床発達心理学の基礎に関する科目A（必修）		2単位
臨床発達心理学の基礎に関する科目B（必修）		2単位
臨床発達支援の専門性に関する科目A（必修）		2単位
臨床発達支援の専門性に関する科目B（必修）		2単位
認知発達とその支援に関する科目	発達の基礎	2単位
認知発達とその支援に関する科目	評価と支援	2単位
社会・情動発達とその支援に関する科目	発達の基礎	2単位
社会・情動発達とその支援に関する科目	評価と支援	2単位
言語発達とその支援に関する科目	発達の基礎	2単位
言語発達とその支援に関する科目	評価と支援	2単位

(2)　指定科目取得講習会

　臨床発達心理士認定運営機構が開催する「指定科目取得講習会」は関東と関西を会場として，年に4回開催される。表2-1に示した科目（4単位）は，それぞれ2単位ずつに分かれて実施される（表2-3参照）。これらの単位は有効期限を設けていないので多年度にわたって取得単位を積み上げ，必要単位をそろえることができる。旧制度で実施されていた指定科目の取得単位も，新制度の単位として読み替えができ，必要単位として使用することができる。

　この講習会については，臨床発達心理士認定運営機構のウェブサイトで日時・場所・科目が公表され，臨床発達心理士認定運営機構が発行する「臨床発達心理士講習会ガイド」を購入することで受講手続きを取ることができる。

（相澤雅文）

第4節　実習の進めかた

　タイプⅠ（大学院修了タイプ）の場合，大学院において知識と技能の両側面をバランスよく身につけることが求められる。臨床実習は実践的な学習を積み重ねるために不可欠である。

　臨床発達支援の技能として習得すべきものには，

①　具体的な技能としての形態をもっているもの（例：発達検査等の実施）
②　臨床活動の文脈の場に埋め込まれて活動に参加しなければ学べないもの
　　（例：受理面接の実施）
などがある。
　実習では，知識面の教育では得られないものの体験的な習得が目指される。
①のような中心的な技能だけではなく，②のような周辺的で細かな技能の取得
も重要である。
　臨床発達心理士の資格取得のためには，合計200時間以上の臨床実習が必要
である。ただし，その内容は臨床発達支援でなければならない。臨床発達支援
とは何かについては，第１節を参照されたい。実習は１つの施設で継続して行
う場合と，いくつかの施設での実習を合算して200時間以上になるように行う
場合がある。
　いずれの場合でも
①　オリエンテーション
②　観察実習
③　アセスメントの実践または陪席
④　発達支援の実際
⑤　事後評価（カンファレンス等）
が含まれ，そのうち発達支援の実際を100時間以上，その他のものを各10時間
以上行うようにする。実習修了見込み申請の場合でも，発達支援の実際が十分
に実施され，実習総時間数が120時間以上あることが望まれる。
　実習先については，大学院の指導教員が選定し，その施設との関係調整を行
う。また，指導の責任ならびに実習実施の認定についても指導教員が行うこと
が原則である。実践現場での実際の実習指導についてはスーパーバイザーが担
当する。スーパーバイザーとしては，臨床発達心理士スーパーバイザー有資格
者や，臨床発達支援に十分な経験のある臨床発達心理士，あるいは，５年以上
の臨床発達支援の経験のある方があたるのが原則である。スーパーバイズの依
頼に際しては，あらかじめ指導に対する日程や回数，謝礼について事前に確認
することが大切である。
　注意すべきことは，臨床実習と認められるためには，臨床発達支援の現場へ

の参加がなされていることが必須であるという点である。単に発達検査をした
だけとか，行動観察をしただけでは認められず，通常の教育実習や保育実習で
替えることもできない。しかし，臨床実習は必ずしも大学院の授業である必要
はなく，その内容の指導責任ならびに認定が大学院の指導教員であり，「臨床
発達心理士認定申請ガイド」の中の「臨床実習ガイドライン」に基づき，スー
パーバイザーの指導の下でなされたものであれば，臨床実習として認められる。
また，現職者で大学院修士課程在学中の者は，在学期間中および在学期間前の
職場での臨床経験のうち，スーパーバイズを受けた上でなされた臨床経験であ
れば，臨床実習期間に100時間分に限り認定することができる。

　臨床活動には対象者との関係に配慮が必要である。例えば相談室や支援セン
ターのような現場では，対象者と支援者が「臨床的関係」として明確である。
しかし，保育所や幼稚園，学校のような現場では「臨床的な役割関係」が明確
でない場合がある。そうした場合，意識して「臨床的な役割関係」をつくり，
それを対象者に説明して了解を得ることが必要である。一方，実習生も臨床現
場における自らの役割や活動内容を明確に意識し，対象者の尊重を最優先して
実習を行わなければならない。

　とりわけ，実践活動における倫理や個人情報の遵守は，臨床実習の中で実践
的に身につけるものである。臨床発達心理士として遵守すべき事項は「臨床発
達心理士倫理綱領」として示されている。臨床実習を経験する前に熟読し，実
習期間中において十分な配慮を行うことができるようにせねばならない。実践
活動における倫理として，一番大切なことは，対象者の人権を尊重し，対象者
を尊重することである。対象者の心身の状態や環境条件に最大限の配慮を払い，
対象者および／または，保護者・後見人への説明と同意のもと，臨床発達支援
を行わなければならない。実習生の行う臨床実習では，実際に行える臨床発達
支援に限界があるため，できることとできないことのわきまえが重要である。
そのためには，実習の管理体制を整え，責任ある指導と損害保険への加入を含
めた事故回避への手だてがなされていなければならない。また，実習生はスー
パーバイザー（または指導教官）に定期的に実習活動内容について報告し，自
分では見通しが立てられない問題について，必ず適切なアドバイスを受けるよ
うにすることが大切である。さらに，実習生は自らできることの限界を知り，

実習現場での役割を超えた対象者との関りを避けるとともに，自らができないことは指導的役割にある専門家に任せて，そのやり取りに陪席することによって学ぶようにする。

　対象者の尊重に加えて，実践活動における倫理として重要なことは，秘密保持に関することである。実習中に知りえた個人の秘密について支援の範囲を超えて漏らしてはならず，実習記録や報告書での個人情報の記載やそれらの保管には慎重でなければならない。また，実習中の支援内容の公表には対象者の了承が必要であることを忘れてはならない。そうした守秘義務に関する厳しい制限と同時に，守秘に例外があることも知っておく必要がある。

　臨床発達心理士の資格申請に際して，臨床実習については指導教員による，実習修了の認定証明やスーパーバイザーの所見とともに，実習生が実習内容を報告することが求められている。これは，従来の実習報告書の提出を廃止し，実習内容の実質を問うものである。実習生がどのような役割を果たし，アセスメントから支援までをどのように行ったかを簡潔に要約して報告するものである。

（相澤雅文）

第 5 節　資格審査の申請方法と審査内容

　臨床発達心理士の申請方法は，毎年発行される『臨床発達心理士認定申請ガイド（以下，申請ガイド）』を取り寄せることで詳しく知ることができる。前年度版の「申請ガイド」は，臨床発達心理士認定運営機構のウェブサイト（https://www.jocdp.jp/license/designated-subjects/）で確認することができる。また「申請ガイド」を取り寄せる方法もウェブサイトを見ればわかるようになっている。

　申請する際に最初に行うことは，「申請ガイド」に記載されている申請条件を確認し，自身の申請タイプを選定することである。「申請ガイド」の冒頭に，「早わかり資格認定」として示されているので，熟読してもらいたい。

　・自分の申請タイプがどれにあたるのか

・どのタイプなら申請が認められるのか

・学歴や実習内容，臨床経験年数が申請条件に合致するのか

以上のような質問は，それを判断すること自体が審査に含まれる内容となり，こうしたことへの個別の問い合わせには応じられないことになっている。「申請ガイド」を熟読して，自身で判断する必要がある。

(1) 審査内容

審査は年1回，「臨床発達心理士資格認定細則」，「臨床発達心理士資格申請手続き細則」，「臨床発達心理士資格審査・資格基準細則」に従って行われる。これらの内容は，ウェブサイトに提示されている。申請書類の受付は，例年8月下旬に設定される。筆記試験と口述審査は，関東と関西の二ヶ所で行われ，申請時に選択することができる。ただし，申請後の変更は認められない。

すべての申請タイプにおいて，審査は二段階からなる。一次審査として書類審査と申請タイプ・選択により筆記試験または事例報告書の審査があり，二次審査として口述審査がある。筆記試験は，タイプⅠとタイプⅡ（筆記試験を選択した場合）に課せられるが，筆記試験はタイプによる内容の違いはない。ただしタイプⅡでは事例報告書の提出を選択することで筆記試験を受験せず審査を受けることができる。

一次審査では申請書類の審査と筆記試験，または筆記試験に替わる事例報告書の審査がそれぞれ独立して行われる。申請書類の審査では，申請者が各タイプの要件を満たしているかについて審査される。また，筆記試験や事例報告書の審査においては，臨床発達心理士としての知識や技能があるかどうかが審査される。例年，一次審査の結果は，11月になって通知される。一次審査に合格したものだけが，二次審査を受けることができる。

二次審査は口述審査であり，臨床発達心理士としての資質に関して20分程度の面接が行われる。二次審査は，例年11月下旬〜12月上旬に行われる。この中では臨床発達心理士資格を取得する動機や実習内容，臨床経験に関する質問がなされ，臨床発達心理士に必要とされる発達的観点や倫理観，専門性への意識について問われる。その結果は，例年1月に合否の通知がなされ，合格した者が登録料を納入し，所定の手続きが終了すると，資格認定証が送付され，臨床発達心理士の資格を示しての活動を開始できる。ただし，「修了見込み申請」

の場合は，3月31日までに修了に関する必要な書類を提出し，それが確認された後に合否が決定され，登録手続きに進むこととなる。

　(2)　準備する書類

　「申請ガイド」を購入すると，冊子と「申請関係書類在中」と書かれた封筒が届く。その中に申請書類一式が入っている。申請タイプに応じて必要な書類に記入することとなる。

　申請に際しては，申請年度に発行された書類の使用が求められる。様式が決まっている書類や原本に記入し提出することが求められる書類があったり，必要に応じてコピーを取り使用できる書類があったりする。また，臨床発達心理士認定運営機構のウェブサイトからダウンロードしてワープロで記載できる書類もある。詳細な情報の提供及び指示は，「申請ガイド」の中に記載されているので十分な留意が必要である。

　以下，タイプ別に必要書類について概説する。

・タイプⅠ（大学院修了タイプ）

　タイプⅠでは，大学院修士課程修了証明と指定科目の単位取得証明，臨床実習の修了証明が提出書類の柱となる。修了年度での申請の場合，見込み証明書を申請時に提出して「見込み申請」とし，大学院を修了した後，3月31日までに必要な書類を提出することで資格認定となる。

　指定科目の単位取得証明では，大学院で履修した科目が指定科目に該当するかどうか，「科目内容基準とシラバス対応表」を記入し，シラバスのコピーを提出し，指定科目の単位取得を証明しなければならない。この際シラバスに大学院名，年度が明示されていること（明示されていない場合はそれらが明示されているシラバスの表紙の写しや，大学による証明の添付など）が必要となる。

　ただし，大学院が臨床発達心理士認定運営機構にあらかじめ授業科目のシラバスを提出し，指定科目として単位認定済みの場合は，認定番号を記載するだけでよい。シラバスの指定科目単位認定を受けている大学院については，臨床発達心理士認定運営機構のウェブサイト（https://www.jocdp.jp/license/designated-subjects/）で公表されている。また，シラバスの認定は年度ごとにされているため，自身が履修した年度に科目の認定がされているかを確認することに留意されたい。

　また「指定科目取得講習会」で単位を取得した場合は，「単位取得講習会受講証明書」のコピーを提出することとなる。受講証明書は繰り返し利用可能で，有効期限はない。旧制度で受講し取得した単位も新制度に読み替え利用することが可能である。ただし，「単位取得講習会受講証明書」の再発行や原本を提出してしまってからの返却には一切応じていないので，お気をつけいただきたい。

　「科目内容基準とシラバス対応表」に授業を担当した教員の署名・捺印が必要となっている。それが諸所の理由で不可能な場合には，理由書を添付することとなる。

　臨床実習については実習指導教員に「臨床実習修了証明書」を，スーパーバイザーには「スーパーバイズ証明書」を記入してもらう。また，それらとは別に，大学院の指導教員に「人物証明書（推薦書）」を書いてもらい，所定の封筒に厳封して提出する。

・タイプⅡ（現職者タイプ）

　タイプⅡでは，大学卒業以上の学歴の証明と，指定科目の単位取得証明書，臨床発達心理に関する臨床経験の内容と経験年数の証明が柱となる。また，大学院修了（タイプⅡ-1）か大学卒業（タイプⅡ-2）かによって，要件となる指定科目数や臨床経験年数が異なるので留意されたい。資格申請をした年度の臨床経験は臨床経験年数に含めることができないのでこの点にもご留意いただきたい。

　タイプⅡで最も留意して作成する必要のある書類は，臨床経験の内容と年数に関するものである。臨床経験の内容については臨床発達支援に関するものでなければならず，

　①心理アセスメント

　②指導や援助

　③コンサルテーション

をすべて含むものであることが望ましい。

　また，臨床経験年数の換算についてであるが，1日4時間以上で週3日以上勤務している場合は，常勤と同様の臨床経験と見なすことができる。それより短い場合は，一定の決まりに従って常勤職の何年分にあたるのかについて換算

する必要がある。勤務時間や期間が短い場合は，経験年数に算入できないこともあるので注意を要する。また，臨床経験として申請できるものは，在職証明が提出できるものに限られる。したがって，申請要件を満たす期間の在職証明書を各機関・施設等に発行してもらい，提出する必要がある。

　詳しい臨床経験年数の換算方法に関しては各年度に発行される『臨床発達心理士認定申請ガイド』に掲載されている。資料 4 「臨床経験の計算方法補足説明」および「臨床経験年数確認チャート」を参照するとよい。

　タイプⅡで筆記試験の替わりに事例報告書の提出を選択した申請者は，事例報告書と合わせて，その事例についてのスーパーバイズ証明書を提出しなければならない。また，申請者の人物保証ができる人が記載した「人物証明書（推薦書）」（所定の封筒に厳封）の提出も求められる。

　タイプⅡ-1（大学院修了）の場合，当該年度に修士課程修了が見込まれる状況での申請が，修了見込申請として認められる。修了見込申請の場合，申請時には大学院修士課程修了見込証明書及び大学院単位取得見込証明書，臨床実習修了見込証明書等を必要に応じて提出する。資格審査に合格した暁には，大学院修了後にそれぞれの修了を示す書類を提出し資格認定されることになる。指定科目の単位取得証明では，タイプⅠの場合で記した内容と同様の注意が必要であるので，参照していただきたい。

・タイプⅢ（研究者タイプ）

　タイプⅢでは，研究勤務経験と臨床発達心理学に関する研究業績を証明することが書類申請の柱となる。研究勤務経験については，5 年以上の臨床発達心理学隣接諸科学を専門とする教員（常勤・非常勤）として大学や短期大学，専門学校で勤務したり，研究所に常勤研究員として勤務したりしていることを証明する在職証明書が必要である。臨床発達心理学に関する研究業績については 5 点以上あることを示すことが求められる。その内容は臨床発達心理学に関するものであり，学術的な著書や論文で，総字数8,000字（英文の場合は2,500語）以上の印刷物として公刊されたものに限る。ただし，その内 3 点は，単著や共著筆頭著者でなければならない。

・タイプⅣ（公認心理師タイプ）

　タイプⅣでは，公認心理師資格証明書と「臨床発達専門講習会」受講証明書，

それぞれのコピー，申請後に送付された3題のうちから1題を選定し執筆した「臨床発達専門講習会報告書」（1,000〜1,200字）の3点の提出が柱となる。「臨床発達専門講習会」受講証明書の有効期限はないが，再発行や提出後の返却はしていないので留意が必要である。タイプⅠ，タイプⅡと同様に人物証明書（推薦書）が必要である。

（相澤雅文）

第6節　筆記試験とその対応

1．筆記試験の方法
（1）　対象者
タイプⅠおよびタイプⅡ（タイプⅡの事例報告書提出者を除く）の申請者。
（2）　試験科目
試験Ⅰ（多枝選択問題，60分）および試験Ⅱ（論述問題，60分）からなり，それぞれの試験の内容は以下のとおりである。
試験Ⅰ（多枝選択問題，60分）
臨床発達心理学の基礎に関する科目
臨床発達支援の専門性に関する科目
認知発達とその支援に関する科目
社会・情動発達とその支援に関する科目
言語発達とその支援に関する科目
試験Ⅱ（論述問題，60分）
臨床発達心理学の基礎および臨床発達支援の専門性に関する論述
（3）　配点と合否判定
試験Ⅰ（多枝選択問題）は5科目からなり，500点満点である。試験Ⅱ（論述問題）は臨床発達心理学の基礎および臨床発達支援の専門性に関する論述であり，100点満点である。合否の判定は試験Ⅰと試験Ⅱそれぞれの得点およびその合計点に基づいて行われる。

2．筆記試験への対応

試験I（多枝選択問題，60分）は，『臨床発達心理士認定申請ガイド』に記載されている「指定科目キーワード」に準拠して出題される。したがって，まずそれらの用語の意味をしっかりと理解しておくことが重要である。また，『講座・臨床発達心理学』（5巻本，ミネルヴァ書房），『臨床発達心理学・理論と実践』（5巻本，ミネルヴァ書房）などを参考に勉強を進め，幅広い知識を習得することが望ましい。

試験II（論述問題）は，臨床発達心理学の知識に基づいて，アセスメントや支援の方法などについて，自分の考えを論理的に展開することが求められる。指定された字数内で自分の考えを述べることはもちろんであるが，一方的な意見の表明ではなく，臨床発達心理学の知見，現在の法律などと関連づけて，自分の考えを展開することが重要である。

3．筆記試問題例

以下に，筆記試験問題例を示す。

■試験I
【臨床発達心理学の基礎】
○発達段階に関する次の文の（　A　）—（　C　）に入る語句の組み合わせとして，もっとも適切なものを，1—5から一つ選びなさい。

　年齢に伴って精神の特徴がどのように変化するかという発達の問題を考える際，いくつかの発達段階に区分して論じられることが多い。発達段階の設定は，発達の（　A　）の問題と関連している。発達段階は，ある時期の発達現象に独自の（　B　）が見出されるとき，これに基づいてある時期を他の時期から区別するものである。フロイト（Freud, S.）やエリクソン（Erikson, E.H.），（　C　）などが発達段階を設定している。

	A	B	C
1．	連続と非連続	量的特徴	ピアジェ（Piaget, J.）

　　2．連続と非連続　　　質的特徴　　ピアジェ（Piaget, J.）
　　3．連続と非連続　　　質的特徴　　ローレンツ（Lorenz, K.）
　　4．加速と停滞　　　　質的特徴　　ピアジェ（Piaget, J.）
　　5．加速と停滞　　　　量的特徴　　ローレンツ（Lorenz, K.）

○発達理論に関する次の記述のうち，もっとも適切なものを，1―5から一つ
　選びなさい。

　　1．バロン＝コーエン（Baron-Cohen, S.）は「心の理論」について，ヒ
　　　トの心理機能を専用のモジュールに分け，生得的に備わっているとす
　　　る説を提唱した。
　　2．発達段階説には，スキナー（Skinner, B.F.）の新行動主義理論，コー
　　　ルバーグ（Kohlberg, L.）の道徳性発達理論などがある。
　　3．近年の行動遺伝学の進展により，「生まれか育ちか」の議論では，ヒ
　　　トの発達は，もっぱら遺伝的要因により規定されているという結論で
　　　終止符が打たれた。
　　4．領域固有性とは，どの領域でも適用できる一般的な認知能力を想定し
　　　たものである。
　　5．発達には，末梢から中枢へ，微細から粗大へといったような方向性が
　　　ある。

【臨床発達支援の専門性】
○障害者差別解消法について説明した次の記述のうち，もっとも<u>不適切なもの</u>
　を，1―5から一つ選びなさい。

　　1．障害者手帳を取得している者が対象となる。
　　2．2016年に施行された。
　　3．この法律では「不当な差別的扱い」を禁止し「合理的配慮の提供」を
　　　求めている。
　　4．障害者が，介助者が一緒にいないとお店に入れない，というのは「不

当な差別的扱い」に当たる。

　5．合理的配慮の提供は国・地方公共団体等の場合は法的義務であり事業
　　者の場合は努力義務である。

【認知発達とその支援】

○ワーキング・メモリに関する次の記述のうち，もっとも適切なものを，1―
　5から一つ選びなさい。

　1．ワーキング・メモリでは，保持と処理が同時に行われるという特性が
　　ある。

　2．二重貯蔵モデルにおける感覚記憶を拡張したものである。

　3．数唱課題におけるワーキング・メモリのはたらきは，順唱と逆唱で違
　　いはない。

　4．発話などの聴覚的情報は主にエピソード・バッファにおいて処理され
　　る。

　5．ワーキング・メモリの容量は発達段階により異なるが，個人差はみら
　　れない。

【社会・情動発達とその支援】

○気質の個人差の否定的特徴に関する次の文の（　A　）―（　D　）に入る
　語句の組み合わせとして，もっとも適切なものを，1―5から一つ選びなさ
　い。

　　（　A　）の否定的なあらわれとしては，機嫌が悪いことが多かったり，
　すぐに機嫌が悪くなったりすることがあげられる。（　B　）の低い子ども
　は，自分の情動を制御することが困難で，場面や状況の変化に応じて行動を
　柔軟に変更していくことが容易ではない。（　C　）は怒りの感情を多く示
　すことや，外在化問題へと結びつく特性である。（　D　）という特性は，
　新規な場面への挑戦や新たな人間関係構築では不利に働くこともある。

	A	B	C	D
1.	気分の質	エフォートフル・コントロール	行動的抑制傾向	接近快活性
2.	周期性	接近快活性	行動的抑制傾向	エフォートフル・コントロール
3.	反応強度	エフォートフル・コントロール	接近快活性	行動的抑制傾向
4.	気分の質	エフォートフル・コントロール	接近快活性	行動的抑制傾向
5.	反応強度	適合のよさ	エフォートフル・コントロール	接近快活性

【言語発達とその支援】

○平均発話長（Mean Length of Utterance: MLU）に関する次の記述のうち，もっとも適切なものを，1―5から一つ選びなさい。

1. 平均発話長は，発話された1つの文が平均いくつの単語を含むかを測定することにより求められる。
2. 平均発話長が2.0を超えてはじめて二語文が観察されるようになる。
3. 平均発話長は発話者からある時点で得られた30以上の発話から計算される。
4. 平均発話長は，1発話が平均いくつの形態素を含むかを測定することにより求められる。
5. 「いぬ，いぬ，いぬ」のように，発話に語の繰り返しを多く含むと，平均発話長はそうでない場合と比べて長くなる。

■試験Ⅱ

○発達アセスメントと支援における「アクションリサーチ的循環」とは何か。その概念と具体的支援における留意点について，500字以内で述べなさい。

○支援計画を立案する際の留意点として，長期的支援目標と短期的支援目標を

立てることの意味は何か。アセスメントに基づく総合所見と二つの支援目標との関係について，500字以内で述べなさい。

（本郷一夫）

第 7 節　事例報告書

　臨床発達心理士は自分の行った臨床活動が適切なものであったかを常に振り返り，反省し，新たな臨床活動の展開に向けて準備をすることが必要となる。そのためには，自分の臨床活動を第三者に公示し，評価を受けることが不可欠と考えられる。発達の支援活動によって改善された点と，課題として残された点を整理し，なぜそのような経緯をたどったかを考察することが求められる。このことによって，対象者への新たな再評価，つまり新たな対象者の理解，また支援方法の再考につながる。このような評価・再評価のプロセスを公示することが事例報告の目的である。

　タイプⅡ-1，タイプⅡ-2の事例報告書は，実際に臨床発達心理に関わる臨床実務に就いているものが，職場において本資格に相当する日常的支援を行っている対象への事例を報告するものである。したがって，「臨床発達心理学に関連する臨床経験を証明する在職証明」によって証明された「発達心理学に関する臨床経験内容」と一致する「専門的な職務の範囲で担当した」事例報告である必要がある。大学院など職場以外で経験した事例の報告は，現職者タイプの事例には該当しない。専門的な職務の範囲で担当した事例の報告を行う必要がある。

　資格審査の対象となる事例報告書は，単なる事例の記述に留まるものではなく，実践をとおして，発達の理解を深め，問題を科学的に考察する観点が含まれていることが求められる。すなわち，事例報告においては「発達的観点」が不可欠なことから，適切な支援期間を設け支援にあたる必要がある。臨床発達心理士資格は保育，教育，福祉，医療の資格と近接してはいるものの，それらの資格そのものではなく，臨床発達心理の資格であることに留意し，事例報告もその知識や技術が活かされていることが審査の対象となることに十分留意し

てほしい。なお、「発達的観点」に関しては申請ガイドのⅠ「臨床発達心理士とは」等を参照してほしい。

　特に、対象児・者の発達を包括的にアセスメントし、支援することが臨床発達心理士資格の独自な専門性といえる。「包括的」という意味の中には、

　　一つとして

①　生理・医学的側面

②　心理・学習・教育的側面

③　環境・社会・文化的側面

この三つの側面についてアセスメントがなされる必要があるということ。

　　二つとして

　②の心理・学習・教育的側面において、認知発達、言語・コミュニケーション、社会・情動発達、運動発達など発達の各領域についての包括的なアセスメントを行うこと。

　以上の二つの意味がある。狭い意味での心理面だけのアセスメントでないことに注意してほしい。すなわち、発達の過程を追っただけの報告、特定の指導プログラムによるアセスメントを用いるだけの報告では不十分で、対象児・者の発達の全体像の把握（包括的アセスメント）が不可欠ということである。支援はある側面に焦点を当て、特定のプログラムを用いることがあっても、アセスメントや考察は包括的に行うことが必要となる。

　事例報告は、報告者（申請者）が単独でケースのアセスメントから支援までを遂行できることが証明できる報告であることが基本条件である。したがって、補助的にケースに携わったものを事例報告とすることはできない。複数でケースを担当した場合は、それぞれの役割分担を明記する。同一ケースを複数の担当者が事例報告として審査を申請する場合は、それぞれの申請者の方法で事例報告をまとめて別個に申請することとなる。その際、共同担当者が誰であるか表紙に明記する必要がある（複数担任のクラス・保育や育児支援の場合にも相当する）。

　事例報告書はワード等で作成し、Ａ４用紙（縦置き）に横書きで、横40字×縦30行の形式で印字する。分量は、6枚以上10枚（400字詰原稿用紙30枚程度）以内である。なお、印字は片面とし、ページ数をつける。図（写真も含む）や

表は枚数内に二つ程度まで入れても構わない。図表が多い場合や資料等を使用したい場合は，添付資料として本文とは別に 3 枚までとしている。様式や枚数を守らない場合は審査の対象とならないので注意してほしい。事例報告書及び添付資料は各々に表紙を付してコピーを 2 部とり，計 3 部提出する。

　本文は原則的に，以下の形式によって記述することとなっている。

Ⅰ　テーマ

Ⅱ　キーワード

Ⅲ　問題と目的

Ⅳ　方法

Ⅴ　結果

Ⅵ　考察

Ⅶ　プライバシーの保護と倫理的配慮

Ⅷ　引用文献

　対象者への倫理的配慮とプライバシー保護に照らして不適切な記載が多く見られることがある。プライバシー保護を含めた倫理的配慮に関しては，臨床発達心理士のもっとも基幹となるものとして審査の重点項目となっている。人権を侵害する可能性のあるものについては，審査対象外となる。提出に際し，次のような点について十分に確認してほしい。

・診断が下っていない対象者への，主観に基づく安易な見立てによる障害名の記載はないか。

・報告書の作成に際して支援に関わる人（下記の人々など）の了解を得たか。

　　・支援対象者（中学生以上）

　　・支援対象者の保護者あるいは保護者の代理人

　　・所属長

　　・事例に密接に関わる人・その他関係者　　　　など

・職務として関わった事例に関しては，申請および事例報告書に関して所属長の許可を得ているか。

・報告書の中で対象者が特定できるような情報や，報告書に必要のない，極めてプライベートな情報を載せていないか。

・個人名や機関名等の固有名詞は避ける（A児，B小学校等と表記）。
・時期や個人の特定できる情報も避ける（20XX年，20XX＋2年，などと表記，生年月日等は書かない）。
・家族構成も差しさわりのある場合は避ける。
・対象者のノート，日記，作品のコピーや心理検査のローデータのコピー等は出さない。

　支援対象者が中学生以上の場合は，対象者本人の了解が必要となる。また，支援の中にコンサルテーションが含まれる場合は，コンサルテーション対象者の了解も必要である。了解を受けるべき全ての人の了解を得たことが明記されていない場合，原則として審査対象外となる。ただし，特別な理由で了解を得ることが困難な場合は，その理由を明記することとなっている。

　現職者に関しては，プライバシー保護を含めた倫理的配慮の観点から，職務として関わった事例の報告が困難なケースがあると考えられる。そこで，現職者（タイプⅡ-1，タイプⅡ-2）が，

・事例報告書の提出
・筆記試験の受験

のどちらか一つを選択して申請できることを付記しておく。

（相澤雅文）

第8節　公認心理師の資格を取得された方

　2015年に「公認心理師法」が公布され，2017年に施行された。2018年からは国家試験が開始され第1回試験の合格率は79.1％（28,574名合格；含む北海道試験），第2回（2019年）の合格率は46.4％（7,864名合格）となっている。今後は5年間の現任者等への経過措置を経て，養成大学（院）を経ての受験者へと移行していくこととなる。

　公認心理師は保健医療，福祉，教育その他の分野において，心理学に関する専門的知識及び技術をもって，「心理に関する支援を要する者の心理状態の観察，その結果の分析」，「心理に関する支援を要する者に対する，その心理に関

する相談及び助言，指導その他の援助」，「心理に関する支援を要する者の関係者に対する相談及び助言，指導その他の援助」，「心の健康に関する知識の普及を図るための教育及び情報の提供」などを行うこととされている（公認心理師法，2017）。このように，心理職としての広汎な対応が求められていることから，心理アセスメントや心理的支援に関する知識及び技能を一定程度修得しているものと考えられる。公認心理師資格自体には研修制度や更新制度がないことから，専門性を担保し続けるための自己研鑽が求められる。

　臨床発達心理士の資格は，発達的観点をもち，包括的なアセスメントを実施し，それに基づいた支援計画を策定すること，そして支援経過・内容を臨床発達心理学的に考察することに真価がある。そこで，臨床発達心理士の資格を申請する際には「臨床発達心理学の基礎」（3 時間）及び「臨床発達支援の専門性」（3 時間）からなる臨床発達専門講習会の受講が申請条件となっている。『講座・臨床発達心理学：臨床発達心理学の基礎』（ミネルヴァ書房，2017）と『講座・臨床発達心理学：臨床発達支援の専門性』（ミネルヴァ書房，2018）の 2 冊がテキストとなっている。

　資格申請に際しては，公認心理師資格証明書（コピー）と臨床発達専門講習会の受講証明書（コピー），人物証明書（推薦書）に加えて，資格申請後に出題された課題に対する「専門講習会報告書」（1,000～1,200字）の提出が求められる。この報告書と口述審査によって臨床発達支援に関する実際的な知識や技能などの資質が審査される。

　公認心理師有資格者には，臨床発達支援に特化した支援の専門性向上のために，臨床発達心理士資格を併せて取得していただきたいと考える。

（相澤雅文）

第 3 章

臨床発達心理士の資格を
取得したあと

第1節　多様で質の高い研修

1．日本臨床発達心理士会とは

　日本臨床発達心理士会は，臨床発達心理士の資格取得者の相互連携を密にするとともに，専門性の向上を図ることを目的として組織されている。臨床発達心理士の資格を取得した時点で，日本臨床発達心理士会に入会するとともに，それぞれが活動している地域の支部に所属する。支部活動は地域を単位としており，2019年11月現在，北海道支部，東北支部，栃木支部，群馬支部，茨城支部，埼玉支部，千葉支部，東京支部，神奈川支部，東海支部，新潟支部，長野支部，北陸支部，京都支部，滋賀支部，奈良支部，大阪・和歌山支部，兵庫支部，中国・四国支部，九州・沖縄支部，の20支部において，地域と結びついた臨床活動を展開している。

2．日本臨床発達心理士会の主な研修活動

　日本臨床発達心理士会の主な研修活動としては，①資格更新研修会の開催，②全国大会の開催，③定期刊行物として『臨床発達心理実践研究』の発行，④会員有志による「テーマ別研究会」の開催があげられる。以下，それぞれを説明する。

①　資格更新研修会

　資格更新研修会は，最新の知見を学び，臨床発達心理士の専門性を高めることを目的に行われている。また，臨床発達心理士は5年ごとに資格更新を行うが，その際に，資格更新研修会に参加することで得られるポイントを12ポイント以上取得していなければならない。そのため，資格更新研修会は，臨床発達心理士がポイントを取得するための機会でもある。ポイントは，基本的に研修会3時間で1ポイントが付与されるが（これを(1)区分と呼んでいる），一部の研修会では6時間で1ポイント付与の場合もある（これを(2)区分と呼んでいる）。5年間に開催される資格更新研修会の中から参加可能な研修会を選び，そこで付与されたポイントの合計が12ポイント以上となるようにする。

　資格更新研修会には，表3-1に示す研修会の種類がある。それらは，大き

表 3-1　資格更新研修会の種類

研修会　種類	主催	区分
全国資格更新研修会	日本臨床発達心理士会及び各委員会（研修委員会，倫理相談委員会，災害支援委員会，危機支援委員会など）	(1)
	日本臨床発達心理士会全国大会	(1)
	臨床発達心理士認定運営機構及び各委員会（倫理委員会など）	(1)
支部主催資格更新研修会	日本臨床発達心理士会の20支部	(1)
他団体主催の研修会	日本発達障害ネットワーク（JDDnet）	(1)
	日本心理研修センター	(1)
	臨床発達心理士認定運営機構の連合学会及び下部組織（日本発達心理学会，日本教育心理学会，日本感情心理学会，日本コミュニケーション障害学会）	(2)

　く全国資格更新研修会，支部主催資格更新研修会，他団体主催の研修会に分けられる。全国資格更新研修会は，全国の臨床発達心理士を対象に，主に日本臨床発達心理士会や臨床発達心理士認定運営機構及びそれらの委員会が主催する研修会である。日本臨床発達心理士会には研修委員会があり，全国資格更新研修会の大半は，この研修委員会が企画と運営を行っている。研修委員会には，さらに育児支援，保育支援，特別支援教育，思春期・青年期支援，成人・高齢者支援，アセスメント事例検討の6つの小委員会があり，それぞれの領域ごとに年1回以上の研修会を企画している。これにより6つの専門領域にわたる充実した内容の研修会が可能になっている。その他の委員会としては，倫理委員会及び倫理相談委員会，災害支援委員会，危機支援委員会などが，積極的に研修会を企画している。さらに，日本臨床発達心理士会は，毎年1回，全国大会を開催しているが，ここで行われるセミナーや講演会についても全国資格更新研修会と同じ扱いとなり，ポイントが付与される。毎年，開催する研修会のテーマや内容は異なっているが，例として2018年度の全国資格更新研修会の一覧を表3-2に示す。

表3-2　全国資格更新研修会一覧（(1)区分）

主催	日	研修会タイトル
日本臨床発達心理士会 研修委員会	2018/ 8 /18〜19	コミュニケーションと社会的スキルの発達支援
	2018/10/28	認知能力と社会適応能力―ウエクスラー検査（WPPSI, WISC, WAIS）と社会適応検査（Vineland-Ⅱ社会適応能力検査）―
	2018/11/11	保育巡回相談をめぐって〜配慮の必要な園児の発達支援〜
	2018/11/18	基礎研修会（仙台）臨床発達心理士としての基礎
	2018/12/ 1	臨床発達心理士としての心理検査の実施・活用法を学ぶ（中級）―自閉スペクトラム症診断のゴールドスタンダード ADOS-2 検査―
	2018/12/23	自閉スペクトラム症者への新しい介入への期待―ロボットによる治療を中心に―
	2019/ 2 / 3	子育て支援活動における発達の視点と臨床発達心理士の役割
	2019/ 2 /10	午前「認知症の心理学　基礎編」，午後「認知症の心理学　支援編」
日本臨床発達心理士会 災害支援委員会	2018/ 7 /28	発達性トラウマと愛着の理解―災害後の長期的支援や危機介入時の臨床発達心理士としての専門性確立に向けて―
日本臨床発達心理士会 危機支援委員会	2019/ 1 / 5	学校卒業後における障害者の多様な学習活動を総合的に支援するための実践「《ySOTSEC-ID》性的問題行動（HSB）を示す知的・発達障害のある青少年と保護者向けのグループ治療の実践に向けて―障害のある青年成人へのセルフ・アドボカシー支援に向けたキャリア教育と地域包括支援プログラム」
日本臨床発達心理士会 第14回全国大会	2018/ 8 /25〜26	臨床発達の実践から立ち上がる研究―実践を研究へと結びつけるには―
臨床発達心理士認定運営機構 倫理委員会	2018/ 6 /24	臨床発達心理士としての倫理
	2018/10/14	臨床発達心理士に求められる倫理

　支部主催資格更新研修会は，その名の通り，前述した20の支部がそれぞれ地元の場所を会場にして企画している研修会である。全国資格更新研修会は，全国の臨床発達心理士を対象にしていることから，利便性の高い大都市を会場にすることが多く，地方在住の臨床発達心理士には参加へのハードルが高くなっている。そこで，各支部で企画してもらい，地元で研修会を受講できる機会を設けることができるようにしている。また，各支部で企画することによって，地域の人材の発掘にもつながり，支部活動を活発化させている。毎年，開催する研修会のテーマや内容は異なっているが，例として2018年度の支部主催資格更新研修会の一覧を表3-3に示す。

表 3-3　支部主催資格更新研修会一覧（(1)区分）

主催	共催／他団体	日	研修会タイトル
北海道支部		2018/ 5 /12	ことばの問題と読み書きの関係性：学習障害特性を持つ子どもへのライフステージに沿った対応
		2018/ 5 /13	WISC-Ⅳ知能検査結果と発達支援実践の橋渡し―つまずきの原因の理解と対応の提案―
		2019/ 2 /16	実践報告：発達障がい等に対応する通級指導教室「まなびの教室」でのアセスメントから指導へ
		2019/ 2 /16	臨床発達心理士のアセスメントと支援の実際（事例報告）
東北支部		2018/ 6 / 2	社会性の発達支援における臨床発達心理士の専門性
	弘前大学教育学部附属特別支援教育センター	2018/ 8 /20	ヴィゴツキーとルリアの高次精神機能に関する理論から発達障害のある子供への関わりへ―DN-CAS によるアセスメントと支援―
	日本発達障害ネットワークいわて	2018/10/ 7	発達障害をめぐる近年の動向
	日本発達障害ネットワークいわて	2018/10/ 7	シンポジウム「岩手県内における発達障がい者の就労を考える」
	日本発達心理学会東北地区懇話会	2018/10/27	感情の発達と発達支援

主催	共催／他団体	日	研修会タイトル
		2019/ 1 /12	発達障害児の社会性とコミュニケーションの支援
栃木支部		2018/ 5 /26	3.11後の「対話と協働」～演劇，探究学習を通した子どもたちの成長～
		2018/ 1 /12	気になる子の視点から保育を見直す
群馬支部		2018/ 5 /26	貧困の基礎的理解と臨床発達心理学的理解
	群馬県教育委員会	2018/11/17	『不登校』をどう支えるか：フリースクールの現状と教育機会確保法から考える
		2018/12/22	アセスメント研修会 日本版 Vineland-Ⅱ適応行動尺度の概要と活用
茨城支部		2018/ 5 / 6	事例検討会 幼児期―個別の教育支援計画作成―
		2018/10/21	不登校の心の寄り添い，育ち・学びを支えるために
		2019/ 1 /14 2019/ 2 / 2	発達性ディスレクシアの検査法とその支援
		2019/ 2 / 3	発達臨床の視座から見るアタッチメント
		2019/ 3 /21	「発達性ディスレクシアの検査法とその支援」おさらい会
埼玉支部		2018/ 5 /27	第1回資格更新研修会
		2018/ 7 / 8	不登校の子どもへの具体的な支援～専門職としてできること～
		2018/12/16	さいたマップラウンジ「WISC-Ⅳの具体的な活用方法2～事例から支援方法や教材を考える～」
	埼玉県	2019/ 1 /27	発達障害支援に係る専門職合同研修～理学療法士・作業療法士・言語聴覚士・臨床心理士・臨床発達心理士の合同研修～
千葉支部		2018/ 5 /27	発達性読み書き障害について
		2018/ 7 / 1	ムーブメント教育による子どもの発達支援について～実践編～
		2018/10/28	乳幼児期の発達のアセスメントと支援～新版K式発達検査等について～

主催	共催／他団体	日	研修会タイトル
		2018/10/28	学級の中の気になる子の支援〜個の支援とクラスづくりから〜
		2018/12/ 8	ネット依存，ゲーム依存のメカニズムと対応
		2019/ 2 / 3	発達検査結果をよりよい支援につなげるためには―新版 K 式発達検査を用いたケーススタディと解釈の方法―
東京支部		2018/ 5 /27	全体テーマ『支援者支援』①家庭と支援者の連携を支援する②ネットワーク研修会
		2018/11/11	愛着障害の正しい理解と発達支援
		2019/ 1 /20	特別支援教育 NW 研修会「インシデントプロセス法を使った事例検討会」
		2019/ 1 /27	自閉スペクトラム症と身体感覚〜基礎研究を現場で活かす〜
神奈川支部		2018/ 5 /20	第 1 回資格更新研修会
		2018/12/16	第 2 回資格更新研修会
		2018/12/16	第 3 回資格更新研修会
東海支部		2018/ 5 /27	マインド・ブラインドネス社会をつなぐ
		2018/11/11	若者のネット依存について
		2019/ 3 /24	第44回資格更新研修会
新潟支部		2018/ 5 /19	障害のある子どもは就学前施設で何を学ぶのか
		2018/10/27	"脳システム論" に基づく個別支援計画の作成
		2019/ 2 / 2	包括的発達支援システムの実践とこれから―障害の発見からペアトレ，療育そして就学支援まで―
長野支部		2018/ 5 /19	教育相談におけるチームコンサルテーションの実際
		2018/ 8 /11	事例検討会「学校支援における相談支援活動の実際」
		2018/ 9 /22	「K-ABC Ⅱ」自主研修会

主催	共催／他団体	日	研修会タイトル
	日本発達障害ネットワークながの	2018/ 9 /22	2018 JDDnet セミナーin ながの「発達障害者の多様な働き方」～知りたい！支えたい！それぞれの就労～
		2018/10/14	生涯発達の中のアタッチメント―大人の精神科臨床から見えてくるもの―
		2018/10/28	「WISC Ⅳ検査」自主研修会 第 1 回
		2018/11/17	「WISC Ⅳ検査」自主研修会 第 2 回
	坂城町教育委員会	2018/12/ 1	「K-ABC Ⅱ」自主研修会
	坂城町教育委員会	2019/ 2 / 9	「K-ABC Ⅱ」自主研修会
北陸支部		2018/ 4 /22	臨床発達心理士会北陸支部活動実態と今後の課題
		2018/ 4 /22	臨床発達心理士の役割とは？
		2018/ 7 /15	発達障害の包括的アセスメントと支援 1
		2018/ 7 /15	発達障害の包括的アセスメントと支援 2
		2018/12/ 2	子どもの問題行動（非行）や被害に係る法・制度と支援の実際
		2018/12/ 2	事例検討会
京都支部		2018/ 5 /12	アメリカでのフィールドワークから見えてくるこれからのインクルーシブ教育
		2018/ 7 /21	身体感覚を楽しめる感覚運動機能の発達とその成長を促す支援
		2018/10/20	事例報告会
		2018/12/ 9	K-ABC Ⅱ検査結果と発達支援実践の橋渡し
		2019/ 2 /16	感覚プロファイルを用いた感覚処理のアセスメント
滋賀支部		2018/ 5 /20	2018年度第 1 回資格更新研修会
		2018/ 7 /21	ADHD の子どもの理解と心理教育的支援
		2018/10/14	地域専門職活動交流会「家族療法ワークショップ」
		2019/ 1 /27	地域公開講演会「家族支援と愛着～家族と支援者のよりよいコミュニケーションのために～」

主催	共催／他団体	日	研修会タイトル
奈良支部		2018/ 5 /19	ライフサイクルを通した ASD の発達的理解と支援
		2018/ 8 /11	子どもの発達と感覚統合
		2019/ 3 / 2	高校を卒業するまでに身につけておいてほしいこと
大阪・和歌山支部		2018/ 5 /20	認知行動療法の理論と実際
		2018/ 6 /24	アタッチメントに視点をおいた親子関係の理解と支援―「安心感の輪」子育てプログラムの実践―
		2018/11/ 3	精神医学と精神薬理学の基礎知識
		2018/12/15	実践研究とその論文の書き方
		2019/ 2 /17	Vineland-Ⅱ適応行動尺度の用途と使い方
兵庫支部		2018/ 5 /19	子どものうつ病への心理支援
		2018/12/ 1	遺伝性疾患の理解と支援―知的・発達障害との関連性の高い症候群を中心に―
		2019/ 2 /16	「今ここ」の自分自身へのアプローチ
中国・四国支部		2018/ 5 /27	WISC-Ⅳと日本版 K-ABC Ⅱを用いたクロスバッテリーアプローチの実際
	特別支援教育士岡山支部	2018/ 8 /10	ワーキングメモリと英語入門―子どもたちの多様な学び方を踏まえたシンセティックフォニックスの提案―
		2018/10/28	特別支援教育（小学校）の実践～授業者と巡回相談員の立場から～
		2019/ 2 / 3	描画テストを活用したアセスメントとその解釈～HTPP を中心に～
九州・沖縄支部		2018/ 5 /26	アタッチメントと発達臨床
		2018/ 6 / 2	佐賀地区第 3 回事例検討会　問題行動の統制に行動機能査定および応用行動分析学の指導技法（分化強化）の適用方法を学ぼう（2 つの事例を通して）
	日本発達障害ネットワークかごしま	2018/ 7 /29	JDD ネットワークセミナー in かごしま 2018（午前：基調講演）気になる子への教育的配慮

主催	共催／他団体	日	研修会タイトル
			（午後：シンポジウム）知って得する多職種活用
		2018/10/20	WISC-Ⅳの解釈と理解　その２
		2018/10/21	発達障害シンポジウム「個性に寄り添う支援とは〜当事者からのメッセージ〜」
		2018/11/18	アセスメント研修『知能検査と発達支援〜WPPSI-Ⅲ，WISC-Ⅳ，WAIS-Ⅳを中心に〜』
	九州心理学会第79回大会準備委員会	2018/12/ 2	九州心理学会第79回大会シンポジウム　発達障害のある子どものキャリア発達支援を考える
		2019/ 1/ 27	第４回佐賀地区事例検討会
		2019/ 2 /24	第１回福岡地区事例検討会

　上記の全国資格更新研修会と支部主催資格更新研修会は，日本臨床発達心理士会及び臨床発達心理士認定運営機構が直接主催するものであったが，その他にもポイント付与が認められている団体主催の研修会がある。その団体は，一般社団法人日本発達障害ネットワーク，一般財団法人心理研修センター，そして連合学会及びその下部組織である。臨床発達心理士認定運営機構は，現在，日本発達心理学会，日本感情心理学会，日本教育心理学会，日本コミュニケーション障害学会の４学会の協力により運営されており，連合学会とはそれら４学会を指している。連合学会及び下部組織である委員会などが主催して行われる研修会についても資格更新研修会として位置付けられ，ポイントが付与される。ただし，連合学会及び下部組織が主催する研修会では，(2)区分となり，３時間0.5ポイントになる。なお，日本臨床発達心理士会及び臨床発達心理士認定運営機構が共催の場合は(1)区分となる。それらの研修会の例として2018年度の他団体主催の研修会の一覧を表３-４に示す。

　②　日本臨床発達心理士会

　毎年８〜９月に開催される日本臨床発達心理士会全国大会は，2019年９月に第15回目を迎えた。年１回，全国の会員が一堂に集まり，相互交流と相互研修を行う場として，臨床発達心理士にとって貴重な機会となっている。これは20

表 3-4　他団体主催の研修会一覧

主催	日	研修会タイトル	区分
日本発達障害ネットワーク	2018/ 9 /30	2018年度発達障害支援人材育成研修会（前期）	(1)
	2018/12/ 2	2018年度 JDDnet 第14回年次大会	(1)
	2019/ 1 /27	2018年度発達障害支援人材育成研修会（後期）	(1)
日本発達心理学会国際研究交流委員会	2018/ 9 / 2	児童・生徒におけるアタッチメントのメンタルヘルスに及ぼす役割	(1)
	2018/ 8 /31	児童期の親子間のアタッチメント：発達上の重要性や評価方法，子どもの発達への影響	(2)
日本発達心理学会第30回大会	2019/ 3 /17	自閉症支援において親子の関係性の何を支援すべきか？	(1)
	2019/ 3 /17	自然災害直後における子どもと支援者の心理支援と今後の課題	(1)
	2019/ 3 /18	発達を支援するとは何を支援することか―実践現場における発達心理学の役割	(1)
	2019/ 3 /19	発達支援を通した実践研究をどのように進めるか―臨床発達心理士としての専門性を深化させるために―	(1)
日本コミュニケーション障害学会	2018/ 9 / 1	臨床のための『言語発達』再考―言語・認知・対人関係を統合して―	(2)

の支部が持ち回りで企画と運営を行い，その支部の地元で開催するものである。最近では，2014年第10回大会では北海道支部，2015年第11回大会では中国・四国支部，2016年第12回大会では大阪・和歌山支部，2017年第13大会では茨城支部，2018年第14回大会では東海支部，2019年第15回大会では九州・沖縄支部が行った。

　全国大会では，会員による実践研究発表，臨床発達領域の課題を取り上げた実践セミナー，講演会，そしてシンポジウムなどが行われている。これらに参加すると，全国資格更新研修会と同じ扱いでポイント付与が行わることは前述した通りである。

　また，職能問題検討委員会企画の各支部の活動を紹介する支部活動報告は，会員同士の交流の場としても効果をあげている。

③　定期刊行物として『臨床発達心理実践研究』の発行

　『臨床発達心理実践研究』は，日本臨床発達心理士の実践研究を学術論文として発表する専門雑誌として2006年に第1巻が発刊され，2019年で通算14巻になっている。なお，2006年に始まった当初は1年に1号のみであったが，2014年からは年間2号発刊となった。『臨床発達心理実践研究』の論文の質は，臨床発達心理士の実践レベルを映し出す鏡ともいえ，厳正な査読を行うことで臨床発達心理学の発展に寄与している。

④　会員有志による「テーマ別研究会」の開催

　「テーマ別研究会」は，2013年度から日本臨床発達心理士会内にフォーマルに位置付けられている研究会であり，会員有志が自主的に参加する形態をとっている。テーマによって支部・地域を超えたネットワークを作り，自主的な研究活動を行うことが目的である。会員の自主的で積極的な研究活動が期待されている。当初は，「自閉症の発達論的アプローチ」，「災害支援研究会」，「乳幼児健診と育児支援」，「発達障害のある大学生への支援」，「発達的視点を持つ特別支援教育の実践研究」，「巡回・訪問（アウトリーチ）研修会」の6つの研究会が設置された。最近では，主に「自閉症の発達論的アプローチ」と「災害支援研究会」が，活発な研究活動を展開して，日本臨床発達心理士会全国大会や日本発達心理学会大会で研究発表を行っている。

（尾崎康子）

第2節　資格取得後の倫理と専門性

1．臨床発達心理士の倫理とは

　倫理綱領（code of ethics）と専門職（profession）は，密接な関係にある。

　倫理綱領には，専門職の目指すべき価値や目的，専門職の態度や姿勢を明確にしている。「医師」，「社会福祉士」などの国家資格は，専門職の遵守すべき倫理綱領，倫理規程を必ず定めている。

　日本臨床発達心理士会（以下，士会という）は，倫理綱領および，倫理・懲戒規定を定めており，士会会員に対し，臨床発達心理士の役割と任務について

示し，倫理の遵守を求めている。

　士会の倫理綱領は，以下の 7 条で構成されている。

　　第 1 条　（人権の尊重）
　　第 2 条　（責任の保持）
　　第 3 条　（発達支援の実行における配慮と制約）
　　第 4 条　（秘密保持の厳守と守秘の例外）
　　第 5 条　（研修の義務とスーパービジョンを受ける責務）
　　第 6 条　（研究と公開）
　　第 7 条　（倫理の遵守）　　　　＊各条詳細についてはホームページ参照

2．倫理相談委員会の活動について

　士会倫理相談委員会は，臨床発達心理士による様々な倫理相談や倫理に関する研修および啓発を行っている。臨床発達心理士認定運営機構倫理委員会は，会員の処遇に関することなどを取り扱う。士会倫理相談委員会はその事前の相談や調査を主に行っている。会員以外の一般の方からの倫理相談も扱っている。

　⑴　倫理相談はどのようにしたら良いのか？

　倫理相談の受付窓口は，一般社団法人臨床発達心理士認定運営機構日本臨床発達心理士会事務局となる。相談者（会員及び一般からの倫理に関する相談者）は，相談受付窓口へ直接または，本会支部などの機関を通じ支部より相談受付窓口へ相談する。

　⑵　相談申し込み方法は？

　相談の申し込みは，一般社団法人臨床発達心理士認定運営機構の定めた個人情報保護方針に則り，個人情報の保護を万全にして行っている。初回の受付内容は，「日付・氏名・連絡先および所属支部名・相談概要」を記したものを，事務局へ簡易書留（または，特定記録郵便）で「倫理相談」と書き，郵送する。

　なお，相談申込書の様式をホームページからもダウンロードできる。

　近年，氏名や連絡先のない匿名による投書が見受けられるため，連絡先は必ず記入してもらいたい。

3．個人情報の取り扱いおよび倫理・懲戒規定について

　情報化社会の進展に伴い，ホームページやメールなど，インターネットを経由しさまざまな個人情報が特定されてしまう危険性が高まっている。ファックスやメールなどに個人情報を載せてしまい誤って関係機関に一斉配信してしまった例などがマスコミで紹介されている。ほとんどが情報管理不足や，うっかりミスによるものである。個人情報の取り扱いについては，通常は会員の所属機関の個人情報保護規定などに従うようにする。

　研究倫理などについても同様に，所属機関のものを優先してもらうようにしているが，研究倫理審査が所属にない場合や個人情報の保護規定等がない機関のために，研究倫理のチェック票および研究倫理審査用研究計画書の様式も申し出により送付できるようにしている。

　近年の相談の傾向として，「ハラスメント行為を受けた」，「臨床発達心理士から障害名を告知された」，「他の心理士から攻撃を受けている」など，職務や専門性，支援モラルに関するものが多く見受けられる。

　会員の処遇に関して，倫理・懲戒規定も設けられている。こちらもホームページを参照してもらいたい。

　公認心理師が国家資格となり，倫理綱領なども示されてくると思え，現在の日本臨床発達心理士会の倫理綱領も時代に沿った見直しが必要と考える。

　臨床発達心理士は，社会的な責務を負う業務である。会員は，常に注意喚起を怠らないようにしたい。

（星　茂行）

第3節　資格更新の概要

　臨床発達心理士資格は更新制であり，臨床発達心理士の認定を受けた者は，認定証の交付を受けてから5年ごとに資格更新審査を受けなければならない。

　臨床発達心理士に限らず，専門家として社会的責任を果たすためには，第三者に対して自らの専門性について説明できることが求められる。この責任を果たすためには，日々の実践を積み重ねるだけでは不十分である。常に新しい知

見の動向に目を配るとともに，自らの実践を文章にまとめ，振り返るといった
研修に努めることが必要である。資格を取得したときには最新であった知識も，
歳月と共に古くなることもあるし，新しい学説や技法が提唱されて考え方その
ものが一変するようなことも生じてくる。アップデートを行わず，古い知識・
技法のままで実践を行うというのでは，専門家としてふさわしいとは言えない。
日々新しく適切な知識を得ることが専門家として必要なのである。

　そのため，臨床発達心理士資格の有効期限は 5 年と設定されており，自己研
鑽を求めている。研修の必要性については，「臨床発達心理士倫理綱領」の第
5 条（研修の義務）に記されている。資格更新にあたっては，資格を取得（あ
るいは前回更新）してから新たに十分な研修を積んだか，高い専門性を保持す
ることに努めたかどうかがポイントに換算され審査されることになる。この資
格更新ポイントは，一般社団法人臨床発達心理士認定運営機構および同各委員
会または日本臨床発達心理士会および同会支部が主催する「臨床発達心理士の
ための資格更新研修会」への参加，または日本臨床発達心理士会全国大会への
参加（講師・ワークショップ担当者・司会者・指定討論者を含む）による 4 ポ
イントを必須として，合計12ポイントが必要とされる。必須 4 ポイントとなる
上記の研修会を，⑴区分研修会と呼ぶが，⑴区分研修会に毎年参加するだけで
も 5 年間に12ポイントは取得可能である。ただし，2018年度以降の資格取得者
は，最初の資格更新までに，臨床発達心理士認定運営機構または日本臨床発達
心理士会主催の倫理研修会（ 3 時間 1 ポイント）を受講することが必要となっ
ている。

　必須 4 ポイント以外を取得する方法については，臨床発達心理士資格認定委
員会が認める他の研修会等への参加や，臨床発達心理士認定運営機構に参加す
る連合学会等の年次大会において，臨床発達心理学に関する研究発表を行った
り，シンポジウム等の話題提供者になったりすること，臨床発達心理学に関す
る研究論文の発表，臨床発達心理学に関する著書の出版等の方法がある。いず
れも「資格更新ガイドライン」，「更新のためのポイント表」改訂第 6 版（2018
年 2 月10日改訂）にポイントの割り当てが定められているので，更新時期まで
に計画的に更新ポイントを取得するようにする。なお，資格更新ガイドライン
や更新のためのポイント表も改訂されるので，臨床発達心理士認定運営機構の

ホームページを見ることを習慣づけ，新しい情報の収集に努めることが必要である。また，2017年度より，研修会に参加した際のポイントは，ホームページにて管理されるようになっている。資格更新申請の手続きについても，ホームページの会員情報管理システム〈SOLTI〉より行う。

(1)　研修会への参加

　臨床発達心理士を対象とした研修会には，(1)区分研修会の他に，臨床発達心理士資格認定委員会が認める(2)区分研修会がある。(2)区分研修会は，必須4ポイントにはならないが，12ポイントの中には含まれる。これらの研修に参加することにより，最新の研究や実践の知見を得るとともに，他の臨床発達心理士と交流を図ることができる。研修会の情報については，各支部からの研修会案内や，ホームページの資格更新研修会情報から得るようにする。

(2)　研究活動

　自ら研究活動を行い，臨床発達心理学の発展に寄与することも研修として重要な意味をもつ。研究活動の発表の場・形態としては，臨床発達心理士認定運営機構に参加する連合学会等の年次大会，あるいは日本臨床発達心理士会全国大会での研究発表やシンポジウム等への話題提供等がある。また，学術誌に研究論文を発表することや，著書を出版することも含まれる。いずれも臨床発達心理学に関するものでなければならない。自らの実践研究の発表の場として，日本臨床発達心理士会では，『臨床発達心理学実践研究』という学術誌を発行している。もちろん，臨床発達心理学に有効な知見をもたらす基礎研究も更新ポイントとなる。

(3)　臨床発達心理士を目指す者の力量形成への貢献

　これから臨床発達心理士資格を申請しようとする人が受講する「指定科目取得講習会」の講師になったり，臨床発達心理士申請者または申請予定者に対する臨床実習のスーパーバイザーとなったりする場合が，臨床発達心理士を目指す者の力量形成への貢献である。講師やスーパーバイザーは，既に知っていることを伝えるだけでは不十分で，常に学び続け，研究を継続させていかなければならないため，それ自体が研修にあたると考えられる。

（吉川知夫）

第 4 節　臨床発達心理士スーパーバイザー資格

1．臨床発達心理士スーパーバイザーとは

　臨床発達心理士スーパーバイザー資格は，通常の臨床発達心理士の専門性をさらに高め，地域での活動内容を充実させることを目的として，2008年 5 月に設けられた制度である。臨床発達心理士スーパーバイザーとは，臨床発達心理士になろうとしている人や臨床発達心理士になった人（スーパーバイジー）に対して，スーパービジョンを通して支援し，その人たちの発達を支える役割を担う人のことである。本来，スーパービジョンは，同じ臨床発達心理士同士という仲間関係の中で，先輩から後輩へその人の発達に合わせて行われるもので，異職種間で行われるコンサルテーションとは意味も内容も全く異なるものである。したがって，スーパーバイザー有資格者に求められていることは「支援者を目指す人・支援者として活動している人への支援」であり，臨床発達支援の技術的な側面だけでなく，関係的な調整を支える感受性と，社会的責任に対するバランスのとれた指導性が求められている。さらにはスーパーバイジーに対する指導的な責任と同時に，スーパーバイジーからの支援を受けるクライアントに対しても責任をもつ存在となる。

2．資格申請要件

　臨床発達心理士スーパーバイザーの申請要件は(1)臨床発達心理士の有資格者で，(2)臨床発達心理士資格取得後 5 年以上関連する業務・活動を継続し，(3)臨床発達心理士資格を 1 回以上更新している人となっている。

3．臨床発達心理士スーパーバイザーに求められるもの

(1)　スーパーバイジーに対する発達的観点

　臨床発達心理士は，「発達的観点」を重視した支援のための資格であるが，臨床発達心理士スーパーバイザーにも発達的観点が求められている。臨床発達心理士スーパーバイザーに必要とされるスーパーバイジーに対する発達的観点

は，臨床発達心理士に要求されるものと全く同じものといってもよいであろう。スーパーバイジーに対しても，発達的観点をもったアセスメントを行い，導き出された支援計画に基づき，発達的観点をもった支援を行う必要があるからである。

(2)　スーパーバイジーの発達を支援するための研鑽姿勢

臨床発達心理士スーパーバイザーは，「他者を支援する臨床発達心理士」を育て支援することがその役割である。一口にスーパーバイジーといってもさまざまな人がいて，多様な支援ニーズを抱えている。そのような多様なスーパーバイジーを支援するためには，まずスーパーバイジーの的確なアセスメントを行い，それぞれのスーパーバイジーの発達にあったスーパービジョンを提供する必要がある。スーパービジョンの長いプロセスでは，当然スーパーバイジーの発達的変化に合わせてスーパービジョンの方法や内容を変えていく必要があり，スーパーバイジーの変化を的確に把握する力や，支援の内容を変えていく方法論をもちあわせていることが要求される。特に臨床発達心理士を目指す大学院生に対する指導では，高圧的な態度や指導であってはならないことは当然であるが，一人ひとりの大学院生の資質を見抜いた上で，実習での未熟な対応や臨床的な知識の不足を自ら気づき，修正しようとする態度を支援することが重要となる。このようなスーパービジョンを実現するためには，自らのスーパービジョンを自身でモニタリングし，振り返りを行う研鑽姿勢が要求される。適当にアドバイスしておけばよいというような軽いものではないということをしっかりと認識しておかなければならない。

(3)　幅広い視点から臨床発達心理士を育成するための自己啓発

臨床発達心理士の活躍する場面は，実にさまざまで，身につけるべき技能や知識は，多岐にわたっている。また臨床発達心理士は，つねに自分の臨床場面や状況に役立つ技能や知識を学び続ける必要がある。そのようにさまざまな場面で活躍する臨床発達心理士へのスーパービジョンを行うためには，臨床発達心理士スーパーバイザーは広い視野をもち，常に研鑽し自己啓発していく必要がある。自分の行っている特定な技法や考え方だけにとらわれてそれを押しつけようとするのではなく，スーパーバイジーが興味を示すさまざまな考え方や技法にも心を開き，それらを理解し実践しようとする広い視野と大きな度量を

もつことも求められている。

⑷　スーパーバイザーとしての自覚と責任

　臨床発達心理士スーパーバイザーは，長期間にわたって自らがスーパービジョンを行って育てた臨床発達心理士の，その後の活動のあり方にも目配りを利かせている必要がある。また，広く臨床発達心理士の活動全般をとらえ，その社会的な意味について常に反省的に把握している必要がある。臨床発達心理士という資格制度のあり方にも，自分から深く関与し，その責任の一端を担うべき存在であることを自覚しておかなければならない。

⑸　日本臨床発達心理士会での活動実績

　臨床発達心理士が地区の現場で働き続けるには，互いに連携し情報交換し合って，常に互いに研鑽し続けていく必要がある。そのような連携と研鑽の場を保証しているのが，日本臨床発達心理士会の支部活動である。臨床発達心理士を育成しその成長を支援するスーパーバイザーは，そのような地区の支部活動でも，研修会の企画や講師，支部の運営などにおいても積極的に活躍することが求められている。

⑹　スーパーバイザーとしてのより高度な倫理観

　臨床発達心理士自体が臨床発達心理学に関する深い知識・技能と，専門職としての高い倫理性が求められる資格であることからすると，その指導的役割を担うスーパーバイザーには，人の尊厳と権利を尊重する臨床的態度，臨床発達心理学についてのより高度で広範な知識・技能はもちろんのこと，人と人，機関と機関をつなぐ関係調整力，セクハラ・パワハラ等への高い倫理観など，より一層高い水準の力が期待されている。

【参考文献】
一般社団法人臨床発達心理士認定運営機構（2019）．臨床発達心理士スーパーバイザー認定申請ガイド——2019年度版——　一般社団法人臨床発達心理士認定運営機構
平木典子（2012）．心理臨床スーパービジョン——学派を超えた統合モデル——　金剛出版
三川俊樹（2014）．「スーパービジョンに関する一考察」——日本産業カウンセリング学会のスーパーバイザー養成・訓練を担当して——　追手門学院大学地域支援心理研究センター紀要，11，72-86.

（伊藤英夫）

第4章

臨床発達心理士の
社会的貢献

震災等発生時の臨床発達心理士による支援

金谷京子

1. 臨床発達心理士の災害支援

　近年，我が国では2011年3月11日の東日本大震災，9月の和歌山県那智勝浦町の台風被害，2014年8月の広島の大雨による土砂災害，2015年9月の常総市を中心とした水害，2016年4月の熊本地震，8月の東北・北海道の台風被害，2018年9月の北海道胆振東部地震，2019年9月の千葉県の台風被害と毎年のように各地で災害が起きている。

　こうした災害に対応すべく，臨床発達心理士も被災支援を行っている。一般社団法人臨床発達心理認定運営機構では，東日本大震災を機に，被災支援に組織として取り組む体制を整えてきた。2011年には日本臨床発達心理士会内に災害・危機支援特別委員会を立ち上げ，2017年には，災害対応を強化するために委員会を独立させて災害支援委員会を設置した。日本臨床発達心理士会ではホームページ上に「ぴえろのページ」を開設し，災害情報を発信している。また，全国の支部に災害担当支部委員も配置し，支部での災害関係の窓口になれるように体制を整えた。

　災害発生時にその地域をよく知る者が安否確認をし，支援に回って歩くのがもっとも効率もよく，被災者も安心して支援を受けられる。しかしながら，現地の行政職員をはじめ，警察や消防隊員など，通常市民のために救援にあたる職員自身が被災してしまい，動けなくなってしまう場合もある。臨床発達心理士も被災支部の会員が地域住民のために動くことができれば，即戦力になると思われるが，そうできないときもある。日本臨床発達心理士会の場合はどうするか。幸い，日本臨床発達心理士会は全国組織であり，被災支部が動けないときは，他支部が応援することができる。3,600人からの会員も全国各地にいるので，各地から情報を集めることもできる。また，会員を核にしてボランティアに出向くこともできる。

2．東日本大震災を契機にした支援

　災害支援あたっては，①行動指令を出す部署，②情報収集と行動計画を企画する部署，③資金調達や配分などの財成管理部署，④支援物資等の運搬等物流管理の部署，が必要になる。また，時間的手順としては，①会員の安否確認，②被害情報の収集，③ニーズの調査（物資，人手，専門支援など），④ボランティアの確保，⑤ニーズへの対応，⑥行政や他団体との調整がある。

　東日本大震災発災当時には，臨床発達心理士認定運営機構にはこれほどの災害を想定した災害対策本部システムはなかった。そこで，発災2日後に災害対策本部を立ち上げ，災害対応役員用のメーリングリストを作成し，4日後には災害用ホームページ「ぴえろのページ」を立ち上げ，被災者・支援者の情報交換と災害時に役立つ情報ページを作成した。ぴえろのページは，その後の災害時も活用して現在に至っている。震災後災害支援の活動は日本臨床発達心理士会が実施しているが，現在は会員の安否確認には，SOLTI 会員管理システムを活用している。2016年現在の災害時の日本臨床発達心理士会の情報収集手順は図4-1のようになっている。まず，支部中心に（A）パターンを活用し，支部が動けないときは，（B）パターンの災害支援委員会と連携して日本臨床発達心理士会事務局または動ける支部が代替して会員と連絡を取る。メールが使用できる場合は，SOLTI 配信やぴえろのページでの情報配信が可能であるが，使用できないときは，郵便を活用する。

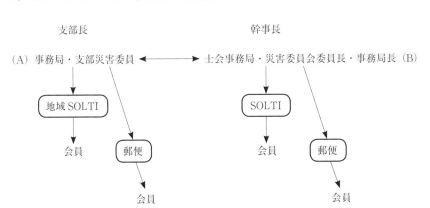

図4-1　発災時会員安否確認・ニーズ調査の流れ

　財政面の確保は，東日本大震災後災害基金運用委員会を法人内に立ち上げ，寄付を募り，災害支援に活用した。

3．多様な支援

　臨床発達心理士は心のケアの専門家であるが，災害時の支援の形は，カウンセリングという手法に限らない。講演会や研修会，物資の送付も支援になる。

　ことに子どもや障害者を対象にしたときの寄り添い方は，傾聴ばかりではない。以下，東日本大震災の際に埼玉支部が行ってきた子どもを対象とした支援例（金谷：2011，2012，埼玉支部：2015，2016，2017，2018）の概略を紹介する。

　埼玉支部では，東日本大震災直後原発事故のために埼玉に避難してきた福島県浜通りの住民の支援を発災直後から実施してきた。まずは，埼玉スーパーアリーナで，その後，双葉町住民が多数避難した加須市旧騎西高校で，子どものために遊びを通しての心の開放と運動不足解消，安心・安全な居場所づくりに遊び広場を開催してきた。スーパーアリーナでは，障害児のケアも実施し，その後の移転先の加須市騎西地区での生活支援につなげた。また，ママ・パパのためのサロンコーナーも設置して保護者の子育て相談にも応じた。加須市での広場では「食」を共にする活動も入れた。2012年には，加須市から移転した子どももいるいわき市の仮設住宅の集会所でも遊び広場を始めた。いわき市では，昼食作りをきっかけに子どもたちの力で作り上げる活動を継続してきた。創造力や自己解決力を培ってほしいからである。2015〜2018年には大学の学園祭に出て自分たちが作ったものを販売し，福島をアピールするまでに至っている。子ども支援は長期的にみれば，次の時代を変えてくれる可能性を秘めている者への支援なのである。後々，困難を克服する策を考えてくれるようになるかもしれない。臨床発達心理士は発達を支援する支援者である。子どもの発達を見守るには長期的支援が必要なのである。

4．災害支援で大事にしたいこと

　これまでの災害支援の経験から，臨床発達心理士の災害支援として大事にしたいことは，以下の点である。

①会員を基点にして顔の見える支援を行う。
②組織的にグループで支援にあたる。
③初動のタイミングを逃さない。
④状況のわかる支部がボランティア派遣等を立案実行する。
⑤ボランティア希望者と支援ニーズのある人をマッチングする。
⑥長期化することも考えて支援計画を立てる。
⑦支援はカウンセリングに拘らず，多様な支援法を使う。
⑧被災地に入っている NGO を活用するなど他団体とも協力する。

５．ボランティアをしたい人へ

　被災者のニーズによってはボランティアを派遣することも必要になる。現在は，会員ボランティアの確保はぴえろのページや SOLTI による配信などを使用して呼びかけをしている。

　被災地での会員を核とした支援ができない場合は，被災都道府県の社会福祉協議会と連絡を取り，ボランティア受け入れについて問い合わせて実践することも必要になる。

　ボランティア希望者には，必ず傷害保険だけでなく賠償保険にも加入することを勧めている。被災地では何が起こるかわからない。安全と安心の保障の一つとして保険に入っておくことが自身のためにも必要なことなのである。

【文献】
金谷京子（2011）．原発事故避難の子どもたちを支援して　発達128　ミネルヴァ書房
金谷京子（2012）．続原発事故避難の子どもたち支援　発達133　ミネルヴァ書房
日本臨床発達心理士会埼玉支部（2015）．日本臨床発達心理士会埼玉支部災害報告書　2011年 3 月〜2015年 3 月版
日本臨床発達心理士会埼玉支部（2016）．日本臨床発達心理士会埼玉支部災害報告書　2015年 4 月〜2016年 3 月版
日本臨床発達心理士会埼玉支部（2017）．日本臨床発達心理士会埼玉支部災害報告書　2016年 4 月〜2017年 3 月版
日本臨床発達心理士会埼玉支部（2018）．日本臨床発達心理士会埼玉支部災害報告書　2017年 4 月〜2018年 3 月版

被災地における多動性，衝動性の見られる子どもの理解と支援者支援——東日本大震災後の長期的な心理支援の取り組み——

平野幹雄

はじめに

東日本大震災が発生して 8 年以上が経過した。震災によって自らも身内を亡くし心理支援を受けたことを契機に，被災地の子どもの支援者への心理支援が臨床発達心理士としての自らのライフワークに新たに加わった。本稿では，自らの被災体験，被災地での長期的な心理支援，臨床発達心理士会災害支援委員会の活動の順に紹介する。

東日本大震災を経験して

東日本大震災は2011年 3 月11日に発生した。筆者の在住する仙台市内で震度 6 強（マグニチュード9.0）の揺れがあり，20世紀以降に世界で発生した 4 番目に大きな地震であった。加えて，仙台港には 8 メートル，仙台空港には12メートルの津波が押し寄せた。宮城県内のみで 1 万人以上が死亡し，そのほとんどは地震そのものではなく，津波によるものだった。

筆者は，地震発生時には仙台駅から徒歩圏内のホール内におり， 6 分以上の強い揺れを経験した。ライフラインは全てダウンしたが，数日後には都市ガスとガソリン以外は復旧した。その頃に弟の 1 人が行方不明であると連絡があった。沿岸部の避難所や安置所に探しに行き，津波の来た安置所では強い余震の中で数百の泥だらけのご遺体を直接確認する作業をした。安置所の光景は想像を絶しており今でも脳裏から離れることはなく，またもう一度津波が来たら自分も死ぬと覚悟した。

震災から約 2 週間後に弟の遺体は発見された。ところが，ガソリン不足で火葬ができず葬儀が終わった頃にはゴールデンウィークになっていた。この頃の筆者は，長男として両親や兄弟，その家族を支えることだけを考えており，自分を振り返る機会は皆無であった。喪失感とともに，葬儀が終わった頃からPTSD 様の症状を同時に経験するようになった。例えば，一度は寝られるが

深夜に目が覚めてしまい近所のコンビニエンスストアを徘徊する，徒歩で帰宅途中に突然涙が出て止まらなくなるなど，過覚醒の状態となり自分の感情をコントロールできなくなってしまっていた。また，海の近くを回避するようになり（初年度は東京駅に行くことすら恐怖であった），フラッシュバックも数多く経験した。

　震災から 2 年が経過した頃，自身の出身研究室の先輩である宮城学院女子大学の足立智昭先生が代表を務めており，何度かお誘いを受けていた震災復興心理教育臨床センター（通称，EJ センター）のアクティビティに初めて参加した。様々なアクティビティを通じて，徐々に自分の経験や感情を無理なく語ることができるようになった。その頃まで，それまで震災のことばかりが頭の中を占有し，現在や未来に希望を見出せなかったが，震災から 2 年半が経過した頃，ある朝に「今この瞬間を一生懸命生きていこうと」と突然に思えるようになった。同時に，今までにはない神の存在を感じるような暖かい感覚が芽生えた（こうした経験は，心的外傷後成長と呼ばれている）。そうした経験を経て，自身の経験と心理過程の変化について心理学的な視点を含めて伝えていくことの大事さにも気がついた。後述する支援者支援の実際と併せて，国内外の学会や日本臨床発達心理士会の全国大会，各支部の研修会で話題提供を行うと同時に，地元の大学が中心になって設立した復興大学や県内の青少年育成会議などにおいても講話を行ってきた（例えば Hirano, 2016; Shibata, Hirano & Adachi, 2018）。

EJ センターを通じての長期的な心理支援

　EJ センターは宮城学院女子大学内に2011年 9 月に設置された組織で，同大学教授の足立智昭先生が代表を務められている。ドロップ・イン形式のセンターで，学生，医師，心理士，保健師，保育士，教師などを利用者として想定した心理教育や個別相談を行ってきた。筆者は2013年から参加し，自身もサポートを受けると同時に徐々に運営にも参加するようになった。2014年頃より，宮城県や名取市，塩竈市，石巻市などの沿岸被災市町より徐々に要請を受けるようになり，保育士，保健師，保護者，地域住民を対象としたアウトリーチ型の講話や勉強会講師を務める機会が増えた（それらへの参加者を含めた2018年度

１年間での利用者数は4,000名を超えた）。

　そうした勉強会においてテーマにあげられる割合が一貫して高いのは，多動性や衝動性をもつ子どもたちへの理解と対処についてであった。多動性や衝動性といった特性から真っ先に想像されるのはおそらく ADHD（注意欠陥多動性障害）であるが，筆者らはそうした特徴をもつ子どもの人数が多すぎる印象も同時に抱いた。一方で，その時点で保育所に通う子どもは震災後に生まれており，地震や津波の恐怖を直接経験していない。それゆえ，震災後の生活変化等による家庭機能の低下等によって養育者が強いストレスを抱えていることと，上記の子どもの特性は無関係ではなく，そうした子どもたちの行動の背景には発達性トラウマや愛着の問題をも想定する必要があると考えられた。

　EJ センターは2018年より一般社団法人東日本大震災子ども・若者支援センターへと移行し，筆者も役員を務めることになった。一般社団法人化の後に新たに取り組み始めた活動として次の三つを紹介したい。

　第一は，県内の放課後児童クラブのスタッフを対象とした心理教育の機会を作ったことである。2019年度の小学校１年生と２年生は震災以降に生まれており，上述したような多動性や衝動性をもつ子どもの割合が高くなりつつあること，一方で学童保育スタッフを対象とした心理学をベースとした研修機会がないことが焦眉の課題となっていた。気になる子どもの発達を理解しつつ心理療法の視点を取り入れた講座を月一回の割合で開催している。また，2018年度より名取市からの要請で同市内の全ての放課後児童クラブにスーパーバイザーを派遣し，気になる子のアセスメントを行っている。

　第二は，宮城県内の保育所における気になる子の現状についての現状把握を行うための調査研究である。宮城県内の11保育所を対象とした気になる子の特性を理解するための調査を行った（平野・柴田・足立, 2018）。その結果，震災の７年後の子どもの気になる子どもの心身の状態について，「衝動性」，「多動性」，「コミュニケーション能力」，「愛着不全性」，「生活リズム安定性」という５つの因子が抽出された。ただし，居住地域による有意な差はみられなかったことから，沿岸被災地の保育所に通う子どもがそれらの特性をより有しているとは言いきれず，他の都道府県の保育所への追加調査を今後実施して比較検討する必要があるものと考えられた。

　第三は，被災地の若者たちにおける語りの場作りを目指したシンポジウムを開催したことである。彼らが，被災体験とそれぞれの将来を語り合う会を企画し，震災から 8 年経過して成人した彼らが自分たちの言葉を積極的に内外に発信することを応援していきたいと考えている。

日本臨床発達心理士会災害支援委員会としての活動

　2017年度より，日本臨床発達心理士会に災害支援委員会が設置されることになり，委員長を仰せつかることになった。全国から11名の委員が選出されると同時に，各支部より協力委員が 1 名ずつ選出され，以下に紹介する活動をおこなってきた。

　第一は，大規模災害発生時の日本臨床発達心理士会会員の安否確認と支援ニーズの把握についてである。東日本大震災後も，熊本地震や西日本豪雨，大阪北部地震，北海道胆振東部地震など日本各地で自然災害が後を絶たない。災害支援委員会では各支部と連携して会員情報システムを用いての安否確認と支援ニーズの把握に努めてきた。また，北海道胆振東部地震の発生後には安平町より要請に基づいて日本臨床発達心理士会会員を複数回現地に派遣した。

　第二は，日本発達心理学会や全国大会でのシンポジウムの開催を通じて，被災地の心理支援の現状と課題について定期的に情報発信を行ってきた。また，2018年は福岡，2019年は京都で全国研修会を企画，実施した。全国研修会では災害発生後の子どもとその支援者への心理支援の目的を学ぶことを目的として，東日本大震災後の長期的な心理支援の現状と課題について，また発達性トラウマ障害と愛着障害の理解について各々専門家からの講話をしてもらった。

まとめ

　東日本大震災から 8 年が経過したとはいえ，ここまで述べた活動はいずれも道半ばである。今後も種々の活動を継続しつつ，臨床発達的視点をもって被災地支援のできる仲間を増やしていくことができればと考えている。

【文献】

Hirano, M. (2016). How did the Great East Japan Earthquake and Tsunami influence psychological states of victims? Diversity in harmony symposium 'Disaster prevention and mitigation: sharing of best practices from Asian countries'. *31th International Congress of Psychology*, Yokohama.

Shibata, M., Hirano, M., & Adachi, T. (2018). Psychological Support for Victims after the Great East Japan Earthquake. Homma, T.R. (Ed.) *Developmental psychology's contributions- healing children from disasters and traumas.* American Psychological Association 2018 annual meeting. San Francisco.

平野幹雄・柴田理瑛・足立智昭 (2018). 東日本大震災直後の保育環境と子どもの心身状態に関する研究　日本発達心理学会災害復興支援・研究活動成果報告書

最高裁判所「子の引渡し強制執行に関する立会人・執行補助者」

亀田良一

これまでの経緯

　1980年，ハーグ国際司法会議において「国際的な子の奪取の民事上の側面に関する条約（以下，ハーグ条約）」が採択された。条約は，国境を越えた子どもの不法な「連れ去り」や「留置」をめぐる紛争に対応するための国際的な枠組みとして，子どもを元の居住国に返還するための手続や国境を越えた親子の面会交流の実現のための締結国間の協力等について定めたものである。日本では2014年1月に91ヶ国目の締結国として条約が批准され，2014年4月1日から発効となった。日本での中央当局の外務省は，ハーグ条約に基づく返還援助申請及び面会交流援助申請の受付・審査や当事者間の連絡の仲介，外務省の費用負担による裁判外紛争解決手続き（ADR）機関の紹介，弁護士紹介制度の案内，面会交流支援機関の紹介等の支援を行っている。また，子どもの返還代替執行に関しては，外務省が立ち会いその他の必要な協力をすることができることとされ（ハーグ条約実施法142条），具体的には，児童心理等に関するる専門的知見を有する外務省の職員が解放実施に立ち会い，専門的見地からアドバイス等を行うとされている。

　さて，国際間の「子の奪取」に関する法整備がなされるに伴い，国内における「子の引渡し」の強制執行についても，最高裁判所がハーグ条約を指針とした手続きの適切かつ円滑な運用に向けた方策を検討してきた。その中で，「子の引渡し」の強制執行は子どもの心身に与える影響が大きいことから，可能な限り，子どもの心理等に関する専門的知見を有する者が強制執行に立ち会うことが相当であると判断され，子どもの心理的支援の専門家に執行の立会人及び執行補助者を依頼することになった。

　日本臨床発達心理士会では，2014年10月に最高裁判所事務総局民事局からの要請を受け，日本臨床発達心理士会として協力していくことを決定し，2015年度からの新事業として取り組んでいる。

「執行官」の位置づけと「立会人」「執行補助者」の役割

　両親の離婚に伴う子どもの親権に関して，裁判所で下された判決や決定に基づいて執行を行うのが「執行官」である。執行官は，裁判所とともに執行にあたり，裁判所の監督に服しているが，法律上は独立した執行機関として位置づけられており，独自の権限をもつ。俸給は，債権者等からの手数料で賄われている。執行官は独任官（裁判所内に特定の上司がいてその指示で活動しているわけではない）であり，執行現場で即時の判断を求められることが多い。執行官の職務は「法的な権利を守る」ことであるが，執行対象が子どもの場合は「子の福祉」を守ることが前提となる。

　別居中の夫婦間や離婚した元夫婦間等で子どもの引渡しをめぐって争いになった場合，家庭裁判所が子どもの引渡しを命じる家事裁判や仮の引渡しを命じる保全処分を出したにもかかわらず，現監護者が任意に子どもを引渡さないケースがある。これを強制的に実現するには，執行官に子どもの引渡しの強制執行を申し立て，執行官が現監護者の元から子どもを取り上げて引渡すという方法を取る。執行にあたっては，子どもの心身に害悪を与えないように最新の注意が必要であり，威力の行使を抑え（子どもに対する威力行為は禁止），現監護者やその親族等に対して説得することが中心となる。また，執行は，原則として債務者の住居で，子どもが債務者と共にいるところで行うことが相当とされているため，早朝や夜間に行われることが多い。

　その際に，子どもの人権の保護と福祉の立場から，公平な執行が行われることを補助する役割が，「立会人」と「執行補助者」である。特に，心理の専門職には心理的観点から「行き過ぎた執行」がないように見ることが求められている。

　「立会人」は，民事執行法7条に規定されており，執行官が職務を公正に行うようにその職務状況を監視するとともに，後日その状況を証言できるようにして紛争を未然に防止することを目的として立ち会う。基本的に監視するだけで債権者等への説得や子どもへの対応等は行わない。執行に対して中立性が求められ，執行官の違法執行が後に裁判で争われた際には，証人として証言することもある。

　「執行補助者」は，民事執行法上の規定がないため，役割も多岐にわたる。

執行官の事務を適正かつ円滑に実施するために，執行官が必要と認める事務を幅広く補助させることができる。対象が動産の場合には，引越し業者や鍵屋等が担うこともある。執行官と事前に打ち合わせを行い，手続き全般について専門的知見に基づいてアドバイスを行い，執行官の指揮のもと，債務者やその親族の説得や子どもへの対応等を補助する。心理の専門職に求められる役割は，子どもの人権や福祉を守る立場から執行官への助言を行い，必要に応じて債務者への説得等を行うことがある。

　どちらの方法を取るかは，事件の内容や債権者の意向等を考慮して，執行官が決める。心理の専門職が関与する場合，裁判所に名簿を登録する際に，どちらかの立場を希望することは可能である。費用は債権者が負担する。

業務の実際

　執行は，民事執行法22条で定める執行の際に必要となる債務名義（判決は審判書等）に基づいて行われる。子どもの引渡しの執行については，主に家庭裁判所が債務名簿を作成するが，地方裁判所高等裁判所が作成する場合もある。立会人・執行補助者は地方裁判所の執行官とともに執行にあたるため，住所地の地方裁判所（全国50カ所）に名簿登録を行う。

　執行官は，専門家に依頼する段階で名簿登録者の中から事案等の条件（日時や住所等）に合った人を選択する。具体的な執行日時は執行官と相談して決めるが，保全処分（仮決定）が出た場合は二週間以内に執行することになる。

　執行官は，事前準備として，債権者（代理人）からの情報収集および家庭裁判所からの情報収集と事前ミーティングを行い，それをもとに専門家および執行裁判所と事前協議を行った上で執行にあたる。執行補助者の役割を担う心理の専門職の場合，情報をもとに執行官と事前協議を行い，必要なアドバイスを行うとともに，執行当日も同行する。

　なお，日本臨床発達心理士会では，立会人および執行補助者の選出について，事案の多い地域を中心に支部から候補者を推薦する形式をとった。日本臨床発達心理士会として最高裁判所に名簿を提出し，最高裁判所を通じて各地方裁判所に配布される。事案が生じた場合，この名簿をもとに，執行官から直接登録者に連絡が入る。

国内の強制執行の現状と臨床発達心理士の役割

　「子の引渡し」事案は，全国で年間120〜150件程度であり，都道府県により差は見られるものの，増加する傾向にある。ちなみに，2013年度年間約100件で，そのうち専門家の立会いは半数程度である。臨床発達心理士への依頼は年間1〜2ケースで推移している。執行官は，子どもの福祉という観点からできるだけ子どもの心理等に関する専門家が関与することを望ましいと考えているが，債権者の意向（費用について）により立会いを設けられないこともある。

　執行官の職務は「法的な権利を守る」ことであるが，子どもの引渡しに関しては「子の福祉」との適正なバランスを取ることが必要である。しかし，執行官の執務の執行について定めた民事執行法では，同法123条（債務者の占有する動産の差押え），同法169条（動産の引渡し強制執行）など，いずれも物に対する執行を前提としており，子どもに対する執行の条文はなかった。2019年5月に法改正があり，子どもの引渡しに関しても明示された。新たに法整備が整ったことから，この領域の事案はますます増加することが予想される。一般的な動産とは異なる子どもに対する執行に関しては，執行官と心理の専門職が協働して『新しい物差し』を作っていく必要があるといえる。最高裁判所としても，全国に50ヶ所ある地方裁判所を視野に入れ，組織として心理の専門職をどのように活用するかを模索していく段階である。

　ハーグ条約が日本で発効されてから日が浅く，今後も法整備が進んでいくと考えられ，国内の子の引渡し強制執行に関しても心理的支援のモデルが確立されていない現在，心理の専門職には新たな支援モデルの開発が求められている。日本臨床発達心理士会は，人の心理的支援に関する専門家集団であり，全国に支部を展開する職能団体として最高裁判所から寄せられた期待に応えていく使命がある。

　司法領域では，さまざまな背景をもつ対象者に対して，個々の特性に関する詳細なアセスメントとその特性に合わせた支援プログラムの開発が重視されてきている。生涯発達支援の観点をもつ臨床発達心理士にとって，司法領域との連携や協働作業の機会は，今後ますます増えることが予測される。

第5章

臨床発達心理士の
さまざまな実践

臨床発達心理士が活躍するさまざまな領域

三宅篤子

　国家資格としての公認心理師法の実施に基づき2019年に公認心理師が誕生した。日本臨床発達心理士会の職能問題検討委員会では2019年6月に公認心理師試験を受験したか，その結果について調査を実施した。1,272名の回答があり，公認心理師試験受験者694名，合格者574名（合格率82.7％）であった。以下に公認心理師を含む諸資格を有しながら臨床発達心理士として活躍する様々な職域について述べる。

◆ **臨床発達心理士の活躍する領域にはどのようなものがあるか？**

　臨床発達心理士が活躍する領域と支援には以下のようなものがある（図5-1）。

　これらの領域の中で臨床発達心理士は，具体的には以下のような現場で活動を行っている。

　医療，乳幼児期の分野：病院・クリニック等の医療現場，保健所・保健センターの保健領域，子育て支援センターなど。

　幼児教育分野：保育所・幼稚園・家庭支援センターなど。

　学童期分野：通常級の巡回相談，放課後等デイサービス，特別支援学校，特別支援学級など。

　青年期・成人期支援の分野：大学の学生相談室，発達障害者支援センター，成人支援施設，家庭裁判所，企業など。

　高齢者支援分野：高齢者支援施設など。

　日本臨床発達心理士会の職能問題検討委員会が行ったアンケートによると，臨床発達心理士の活躍する領域は以下のようになっている（一般社団法人臨床発達心理士認定運営機構・職能問題検討委員会，2016）。

　図5-2からは教育関係が54％で最も多く，次に福祉が27％，医療・保健が

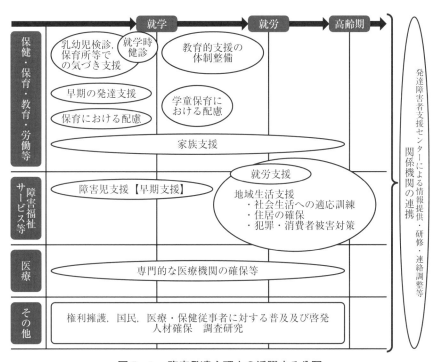

図 5 - 1　臨床発達心理士の活躍する分野

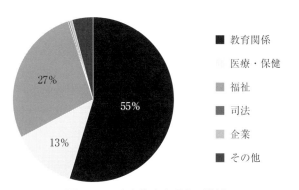

図 5 - 2　臨床発達心理士の職域

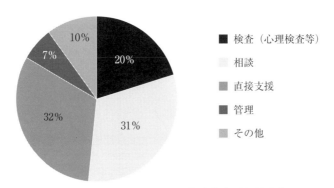

図 5 - 3　臨床発達心理士の業務内容別人数比率

13% となっており，合わせて90% 以上を占めていることがわかる。他方，司法や企業の割合は少ないが一定程度あること，その他が意外と多いこともわかる。

　図 5 - 3 より臨床発達心理士の従事している業務内容別人数比率としては，検査が20%，相談が31%，直接支援が32% であり，これらを合計すると 8 割を占める。また，管理などの運営業務や管理職業務を行っている会員もいることがわかる。

　臨床発達心理士の新しい職域について起業を行っている会員が増えたため，2019年発行の『臨床発達心理実践研究』第14巻では「臨床発達心理士の資格を生かしての起業」という特集が組まれた。特集には，以下のような新しい支援の領域が紹介されている。

　榛谷（2019）は2018年に開設したアルダーインターナショナル・プリスクール部門（JUN International Preschool）に杉並区の「学齢期発達支援事業」を受託する形で学齢時発達支援事業所（インディゴスタディスクエア）を開設した。坂本（2019）は2016年度に臨床発達心理士会埼玉支部が行った災害支援「加須市ぴえろの遊び広場」の運営を終了し，それを引き継ぐ形で一般社団法人すくすく広場を設立した。法人格を持つ子ども食堂として，「遊ぶ，学ぶ，食べる」をキャッチコピーに活動を行っている。

　これらの活動は，これまで学校，保育園・幼稚園，保健所・保健福祉センター，発達支援センターなど公的私的機関に所属して働く形から，民間の法人を

立ち上げるという形で活躍の場を創造したことになる。

　日本臨床発達心理士会はこのことを視野に入れて引き続き活動を行う必要がある。

【文献】
１．一般社団法人臨床発達心理士認定運営機構・日本臨床発達心理士会職能問題検討委員会 (2016)．第 2 回臨床発達心理士の動向及び意識調査結果　日本臨床発達心理士会
２．榛谷都 (2019)．臨床発達心理士資格を生かしての開業　臨床発達心理実践研究，14，5‐9．
３．坂本佳代子 (2019)．被災者支援からコミュニティでの子育て支援への継承　臨床発達心理実践研究，14，10-16.

乳幼児健診における心理相談

田丸尚美

◆ 乳幼児健診の役割と心理相談の特徴

　母子保健法に基づいて市町村が実施する乳幼児健診（1歳6ヶ月児健診，3歳児健診ほか）は，子どもの発達や子育ての節目にほぼ全数の親子と出会う機会が持てる事業である。

　育児不安を抱える親や子育ての困難な家庭が広がり，児童虐待の問題が深刻化する社会事情を背景にして，母子保健事業には地域で子育てを支える役割への期待が大きい。具体的な課題は，①育てにくさと関連する発達障害をもつ子どもを早期から把握し，その子にあった配慮を図ること，②育児不安に対応し，虐待に繋がるリスクのある困難を早期につかんで支援につなげることである。地域の発達支援システムのなかで，心理職が担っている事業を図5-4に示す。

　乳幼児健診における心理相談には，以下のような特徴がある。

a．来談者の相談動機は必ずしもはっきりしていない。

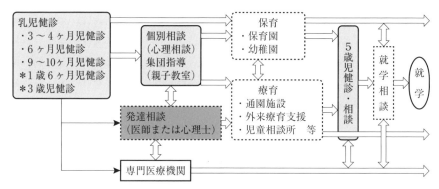

図5-4　地域における発達支援システム（*母子保健法にもとづく健診）

　乳児健診は自治体によって実施時期は異なる。5歳児健診や5歳児相談は任意で実施されている。
　心理職が関わる主たる事業を，彩色して示す。

　健診は，心理クリニックのように相談の意思を固めて訪れる場でなはく，地域住民として通知を受けて訪れる場である。来談者が相談を求める場合と健診スタッフから相談に案内される場合がある。後者の場合，来談者の疑問や不安を受けとめて子どもと関わりながら，気がかりなことを模索する。
b．相談内容は，子どもや子育てに関わる主訴に含まれている。
　相談の対象は子どもを育てる養育者であり，相談内容は基本的に子どもや子育てに関わることである。すなわち育ちゆく子どもを支えるために，養育者を支えるという特徴をもつ。
c．相談の場は，相談員が子どもと養育者双方と関係を結ぶ三者関係の構造をもち，それぞれ他の二者が結ぶ関係に影響を受けた行動をとる。
　子どものふるまいを受けとめる相談員の様子から，来談者が少しずつ腰を落ち着けて語り出したり，養育者と相談員が談話しているうちに，緊張して関わりを拒んでいた子が場面に参加したりする。場の情報を総合して子どもの発達を見立て，養育者の育児状況を把握する。
d．保健師や医師らとのチームワークをベースにおく。
　健診における相談は「出会い」の場であり，育児に関与する関係を養育者に受け入れてもらうことを目標とする。必要な場合は，保健師のケースワークを土台にして心理相談を重ねたり，「親子教室」で遊びの体験を共有したりしながら，家族に継続的に関わる。

◆ 心理相談の仕事内容と相談の基本

　心理職の仕事の位置づけは地域によって異なるが，共通するのは以下の3点である。
　　①乳幼児健診における心理相談
　　②健診後の経過観察における個別の心理相談
　　③健診後の経過観察における親子教室への参加
　　仕事内容のポイントを表5-1に示す。
　　それまでの経緯を把握して（健診票の生育歴や生活環境を読みとる，保健師からの伝達を踏まえる等），来談者を迎える。

表5-1　健診における心理相談の仕事（田丸，2011）

1歳6ヶ月児・3歳児健診の心理相談	
対象	発達の気になる児，育児不安のうかがえる養育者 　　医師の指示，養育者の訴えや希望， 　　健診票や発達アンケートをもとに保健師が問診で案内
時間	健診時に20～30分
内容	養育者の主訴の聴取，子どものようす・生活実態の聴き取り，子どもの行動観察 　　子どもの発達上の見通しを探り生活上の工夫をともに考える 　　継続的な関わりの初回面接と位置づけ，養育者の気持ちに沿って次の関わりの 　　場につなげる
経過観察～個別の心理相談	
対象	発達の追跡観察が必要な子ども 育児上の不安を訴える養育者
時間	随時 3 ～ 6 ヶ月に1回程度　60～90分
内容	養育者の主訴や気持ちの変化を聴き取る 子どもの発達の状況と前回相談時からの伸びの確認をし，経過を通して見られる子 どもの発達上の特徴について理解を深められるよう援助 関わり方や生活上の工夫，今後の処遇について考える
経過観察～集団の親子教室	
対象	健診から案内された親子15組前後 　　発達の気になる児，子どもと関わる上での困難さがうかがえる養育者など， 　　具体的な遊びの体験が必要と判断された事例
時間	月1～2回，午前中3時間程度
内容	保育士がリードして，手遊びや感覚統合的な遊び，布・紙・箱等を使った集団遊び を体験。その後，養育者らは茶話会形式のグループワーク，子どもたちは自由遊び 終了後にスタッフでカンファランスを実施

　相談で基本とするのは，「話を聴くこと」，「子どもの姿を見ること」に加え
て「親子の関わりにふれること」である。養育者の訴えを聴き取り，気がかり
や困っていることは何かを把握するとともに，普段見ている子どもの様子を聴
き取る。養育者から見えている姿をつかむとともに，遊びや積み木課題などの
取り組み方，親子の関わりようを相談員の目で確かめる。
　積み木の扱いにしても子どもはさまざまな姿を見せる。積み木を崩す，また
は1つ乗せてみる，または高く積み上げる。どんな締めくくり方をするか，周

囲の人にどんな表情を向けるか等，細やかに子どもの意図を読みとって発達的に意味づける臨床発達心理士の専門性が求められる。自分の目で見たことに，資料から読み取ったこと・養育者から聴き取ったことをつき合わせて，子どもの発達をアセスメントし，育児状況を把握する。

　必要な場合には，健診後の関わりを継続する見通しが求められる。経過を追って子どもの発達過程を見ることで，その子の発達的特徴を把握する専門性が臨床発達心理士に期待される。わが子に何らかの発達の特異性があるのではないかと気づきながら，認めたくない…，けれど何か手が打てるならしてやりたい…，でも落ち着きがない，言葉がかみ合わないことはどの子にもありそうなことではないか等，養育者の気持ちは揺れ動く。障害について肯定する気持ち・否定する気持ちの揺れ動きに沿いながら，日々子育てに苦心する養育者が，①子どもの発達的特徴についての気づきを深め，②子どもと関わる上で配慮ができることを知り，③子どもと通じ合える喜びや親子のきずなを確かめることができるよう見通して，時には数年かけて関わる。個別の心理相談をベースに，遊びを共有する体験（親子教室）もあわせ，養育者とともにこれらの気づきを探っていく。その過程で「子どもが成長した手ごたえ」と「他者とともに考える手ごたえ」を実感すると，子どもの発達や自分の子育ての問題に養育者自ら向き合う力を強くされる。

　乳幼児健診における心理相談は，不安や迷いが尽きない子育ての道のりを，節目を捉え就学までを見通して家族と共有する喜びを感じられる仕事である。

【文献】
田丸尚美（2011）．乳幼児健診と心理相談　大月書店
田丸尚美（2018）．小学校入学に際し親はどんな不安を抱えるか　教育と医学　776号「特集　発達障害を持つ子どもの進路選択」

ペアレントプログラムの開発と社会的普及

尾崎康子

◆ 自閉スペクトラム症のペアレントプログラム

自閉スペクトラム症（Autism Spectrum Disorder: ASD）への発達支援は，我が国では長らく子どもを対象にした療育を中心として行われてきた。しかし，近年のASDの親支援の国際的潮流の中で，我が国でもASDの親支援が行われるようになってきた。現在，ASDの親支援プログラムとして最も知られている方法はペアレントトレーニングであろう。これは，応用行動分析学や行動療法の考え方を基にして，子どもの望ましい行動への強化や不適切な行動への対応を学ぶものである。

これに対して，最近，国際的に注目されているのが，ASD児の社会的コミュニケーション発達を促すことを目的とした，社会的コミュニケーション介入のペアレントプログラムである。DSM-5の診断基準として「社会的コミュニケーションの欠陥」が明記されたこともあり，欧米では，これに関連した多数のプログラムが次々と開発されている。これらのプログラムの背景理論は，行動的なものから発達論的なものまで多様であるが，いずれも社会的コミュニケーションの発達に沿った支援を行うという発達的介入が共通のコンセプトである。

◆ ふれあいペアレントプログラムとは

欧米では多数の社会的コミュニケーション介入のペアレントプログラムが開発されているものの，これまで我が国で親が参加できるプログラムは作成されてこなかった。そこで，尾崎（2018）は，ASD児の社会的コミュニケーション発達を促すことを目的にした親支援プログラムである「ふれあいペアレントプログラム」を開発した。

子どもにとって，誕生直後から始まる社会的コミュニケーション発達は，発

達初期に身につけなければならない重要な課題である。社会的コミュニケーション発達が土台となって，情緒や社会性や言語や認知の発達が進むのである。しかし，ASD の子どもは，発達初期にコミュニケーション発達を獲得できていないことが指摘されている。そこで，まず発達早期にこの社会的コミュニケーション発達を促すことが ASD 児にとって重要な発達課題となる。子どもに直接発達を促す療育も必要であるが，発達早期の子どもが最も多くの時間を過ごす場所が家庭であることを考えると，養育者（以下，親）が ASD の子どもの育ちに重要な役割を果たすキーパーソンであることが分かるだろう。

　ふれあいペアレントプログラムもまた，親に社会的コミュニケーション発達を促す方法を教えるプログラムであるが，療育者のかわりに親をトレーナーに育てるものではない。ASD 児が社会的コミュニケーション発達に遅れや障害があるということは，人との関わりができないことを示しており，それは親に対しても例外ではない。親は子どもと関わりがもてないことに大変困っており，関わりがもてないということは子どもをどのように育てればよいかが分からないことに他ならない。そこで，社会的コミュニケーション発達を促す方法を教えることは，子どもへの関わり方や子どもの育て方を教えることになるのである。ASD 児の親の育児不安や育児困難は，定型発達児の親に比べて大変高いことが分かっている。あまりに育児不安が高い場合には，ペアレントプログラムの実施前に，それに対応する心理臨床的な対応が必要であるが，一方ではペアレントプログラムで子どもの育て方が分かることによって，育児不安や育児困難が減少することも考えられる。

◆ ふれあいペアレントプログラムの概要

　ふれあいペアレントプログラムは，ASD 児の親に社会的コミュニケーション発達を促す子育ての方法を教授する心理教育プログラムである。このプログラムは，社会的認知などの発達理論や研究知見に準拠して，子どもの発達を促す支援である発達論的アプローチに位置付けられる。また，このプログラムの理論的背景には，社会的認知は子どもの発達早期からの周りの人との相互作用を重ねることによって発達するという，社会的相互作用論がある。そこで，プ

表5-2　ふれあいペアレントプログラムの内容

	プログラム内容
第1回	ガイダンス，自己紹介
第2回	社会的コミュニケーションの方法
第3回	社会的コミュニケーション段階の特徴と目標
第4回	子どもの育て方(1)　関わり方の基本
第5回	子どもの育て方(2)　やりとりの工夫
第6回	子どもの育て方(3)　各段階の関わり方とやりとり
第7回	親子ふれあい遊び(1)　ふれあい方略
第8回	親子ふれあい遊び(2)　各段階のふれあい方略
第9回	親子ふれあい遊びの発展

ログラムでは，いかに親子で相互の関わり合いを行い，社会的相互作用を重ねるかについて，様々な提案がなされている。また，プログラムのターゲットスキルは，「人との相互的関わり」，「共同注意」，「感情や気持ちの共有」であり，これらが獲得できるようにプログラムが構成されている。

　具体的な方法としては，2～4歳未満のASD児を持つ親5名前後が1グループになり，指導者1名のもとで週1回，全9回実施する。全9回のセッションのプログラムの内容を表5-2に示す。各セッションは，学習会，グループワーク，ホームワークから構成されている。親は，親用テキスト（尾崎，2018）を見ながら学ぶことができる。

◆ ふれあいペアレントプログラムの社会的普及

　現在，親が参加するふれあいペアレントプログラムの実施要領は完成しているが，それを各地で実施するためには指導者を養成する必要がある。そこで，2019年7月より，日本臨床発達心理士会の全国資格更新研修会において「ふれあいペアレントプログラム指導者養成講座」を開催している。これに3日間出席することによって指導者として認定される。指導者は，指導者用テキスト（尾崎，2019）と学習会用CDを用いて，親を対象にしたプログラムを実施す

る。

【文献】

尾崎康子（2018）．社会的コミュニケーション発達が気になる子の育て方がわかる　ふれあ
　　いペアレントプログラム　ミネルヴァ書房
尾崎康子（編著）（2019）．社会的コミュニケーション発達が気になる子の育て方がわかる
　　ふれあいペアレントプログラム指導者用ガイド　ミネルヴァ書房

幼稚園・保育所・認定子ども園への巡回相談

木原久美子

◆ 活動紹介

　幼稚園・保育所・認定子ども園（以下，園）への巡回相談は，「子どもと家族の支援」を目的とした地域の連携体制の一翼を担う活動として新たな展開を見せている。2011年には発達障害支援の一環として「障害の早期発見・早期対応」を目的とした「巡回相談支援専門員整備事業」，2012年には「保育所等訪問支援事業」が創設され，発達支援センター他，様々な機関が園や親の依頼を受けて定期的に園を巡回するようになった。以来，園にとって巡回相談員は身近な存在となっている。一方で，目的や方法が違うと，助言のポイントも異なるため，保育にどう活用すべきか悩む保育者も多くなった。発達的観点に立つ巡回相談員（以下，発達相談員）として，園生活における一人ひとりの子どもの育ちを支える保育の取り組みが実現するよう，保育者と協働しながら策定していく力量を発揮することが期待されている。ここでは，巡回相談を「園に心理の発達相談員が出向き，園生活における子どもの育ちの支援を目的とした問題解決型コンサルテーション」と考えて実践のポイントを紹介する。

◆ 実践内容

　巡回相談は，問題状況のアセスメント，支援策の検討，実践，評価の４段階のサイクルから成り立つ活動と考えられる。発達相談員として考慮すべき点は，第３段階の実践が保育者に委ねられている点にある。つまり，保育者自身がいかに保育のヒントを見出し，実践するかが鍵となる。そのため，発達相談員として，可能な限り多くの園の職員とともに，保育の具体策を検討するカンファレンスの場を設けて，保育の取り組みにつなげる必要がある。

　巡回相談の実施には，保護者の了解を得ることが原則である。その上で，発達相談員は，巡回相談の依頼のあった子どもの所属する園の保育場面を，時間

の流れ，空間的環境，コミュニケーションの特徴の3点に注目しながら観察し，問題状況のアセスメントを行う。ただし，このアセスメントは，巡回相談当日の限られた時間における，来訪者が存在する状況での保育観察から得られたものである。そのため，カンファレンスにおいて，発達相談員は，提示したアセスメントに沿って，現担任，前担任，主任，園長，看護師，栄養士など，それぞれの立場から子どもの育ちをふりかえってもらいながら，妥当なアセスメントかどうかを吟味する。確かに保育者が気になっていた行動のあれこれがアセスメントに当てはまるのか，腑に落ちない，という表情を見せるのかを手がかりに，発達相談員はアセスメントを練り直す。

　そうした作業の後に，発達相談員は，保育者に子どもの育ちを保育と絡めてふりかえることを促す。発達相談員は吟味されたアセスメントと保育のふりかえりを対応づけながら，保育のポイントを整理し，提示する。それを受けて，保育者は「これならできる」と思える保育のアイディアを編みだしていく。こうしたカンファレンスの過程には，日頃からの，園内連携体制のあり方が影響を及ぼすことも多いが，発達相談員として，担任を支える人的物的資源の所在をモニタリングしながら引き出し，園内連携を作り出すことが基本となる。

　最後に，園に向けて報告書を作成する。報告書には，当日の保育観察や実施した発達検査があれば，それらの結果と合わせて保育の取り組みのポイントを記載する。ポイントの記載にあたって，園の保育状況を考慮して，優先度を整理しなおすことも多い。報告書は，カンファレンスに出席できなかった保育者が子どもの支援のポイントを理解するツールとなる。発達相談員にとっても，次の巡回相談時に，前回記載した留意点に沿って保育が実践されているのか，子どもの保育活動への参加や発達状況はどう変化したのかを評価する基礎資料となる。そのため，報告書は問題解決型コンサルテーションにおける第4段階，すなわち巡回相談の意義を評価し，次のサイクルへと成果を積み上げるには必要不可欠なものである。

◆ その仕事のやりがい

　第1は，園生活に身を置くことで，子どもの育ちが，保育者によってどのよ

うに引き出されるのかを，五感を通して体感できる点にある。保育者は，子どもの育とうとしている心の芽を感じとりながら，子どもと遊んだり，食べさせたり，会話したり，排泄や着替えなどを手助けしたりする。そうした子どもと保育者の関係性から生み出されるものの豊かさに気づかせてくれる。

　第2は，発達相談員の仕事に対し，何が役に立ち，何が役に立たないのかを，カンファレンスや継続的な巡回相談を通して，保育者からフィードバックを得られる点が挙げられる。心理の専門家同士では異論がなかったとしても，保育者の目から見て，確かに腑に落ちることがなければ，巡回相談は保育に役立たない。日々の園生活に照らして，保育者が気がかりに思っていたことの中から特定のものに光が当たり，該当する事例がいくつも語られることで，巡回相談の仕事の妥当性が検証される。それが発達相談員の実践知を豊かにし，専門性を高めることにつながる。

◆ その仕事に就くためには

　巡回相談の対象となるケースには，子どもの発達や障害だけでなく，子どもと家族をとりまく現代社会のひずみが影響していることが多い。そのため，子ども，保育，社会について，広く関心を持ちつつ学ぶ姿勢が求められる。

　子どもの発達や障害のアセスメントを行うには，①胎生期・乳幼児期・学童期の発達（認知，情動，対人関係，姿勢運動発達や食行動の発達を含む），②発達の個人差，③障害全般についての知識とともに，④保育観察や発達検査の技術を身につける必要がある。

　さらに⑤保育所保育指針・幼稚園教育要領・認定こども園教育保育要領，⑥保育者の仕事，⑦特別支援教育システム，⑧教育センター・児童相談センターの役割を把握し，⑨保育者の視点をふまえた報告書を書く技術が求められる。

　その他，⑩現代の家族像，⑪虐待と家族システム，⑫外国籍の子どもの生活と家族，⑬精神疾患を抱える保護者の支援，⑭登園しない子どもと家庭状況，⑮被災した子どもと家族への支援について学ぶとともに，組織的対応に向けて，⑯地域の自治体・医療や福祉の専門機関・児童家庭支援センター・保健所・小学校による連携体制についても把握しておく必要がある。

東京都小・中学校における特別支援教室の巡回相談心理士

松村裕美・森下由規子

◆ 特別支援教室について

　東京都では，発達障害がある児童・生徒への支援は，情緒障害等通級指導学級を中心に実施してきた。通級指導学級は，小学校においては，数校に1校程度設置し，近隣の小学校から児童・生徒が通う形となっていた。しかし，通級指導学級が設置されていない小学校から設置している小学校へ移動するために，授業を受けられない時間ができること，保護者にも送迎を行う負担がかかっていた。このため，通級指導学級を設置している小学校と設置していない小学校では，通級指導学級での指導を受けている児童の割合に差がみられた。

　そこで，各小学校において，必要とする児童がすべて，特別な支援を受けることができるように，すべての小学校に特別支援教室を設置することになった。特別支援教室における指導は，それまでは通級による指導で発達障害教育を担当していた教員が，それぞれの小学校を巡回し実施することとなった。

　情緒障害等通級指導学級から特別支援教室への変更は，小学校は，2016年度から2018年度にかけて，準備が整った区市町村から順次開始し，すべての小学校が，特別支援教室に移行した。中学校においては，2018年度より，順次，特別支援教室を導入し，2021年度までにすべての学校で実施されることになっている。

◆ 特別支援教室を設置した小・中学校への心理士等の巡回の目的

　特別支援教室を設置した学校には，1校当たり，年間40時間，臨床発達心理士等の巡回が行われるようになった。臨床発達心理士等とは，臨床発達心理士，特別支援教育士，学校心理士（2019年から公認心理師も追加）の有資格者である。日本臨床発達心理士会東京支部では，2007年度より，臨床発達心理士を対象に，発達心理学の視点からのアセスメント，教員への助言など巡回相談とし

て必要なスキルを学ぶ研修を実施し，研修受講者を対象に，都立特別支援学校・都立高等学校において外部専門家として心理業務を紹介してきた。この実績が東京都に評価され，2016年から他資格を含む特別支援教室における心理士等への派遣を臨床発達心理士認定運営機構が行ってきた（2019年からこの部門は同機構から独立し，東京特別支援教育心理研究センターとなる）。

特別支援教室における巡回相談において求められている役割は，「発達障害の児童・生徒等特別な指導・支援を必要とするすべての児童・生徒について，彼らが抱える学習面・生活面の困難を的確に把握し，その困難に対応した専門的な指導・支援を実施するための助言を行うこと」である。

◆ 巡回の実際

巡回相談として訪問する年間40時間をどのように設定するかは，心理士と学校との相談により決まる。1回あたり4〜7時間，年間6〜11回程度訪問することが多い。

学校において求められる業務は，対象となる児童・生徒の行動観察，学級担任等とのコンサルテーション，会議のための資料作成などである。

心理士等の巡回相談においては，特別支援教室を利用している児童・生徒も，利用していない児童・生徒も対象となる。

利用していない児童・生徒の場合，在籍学級担任などが，児童・生徒の在籍学級での様子から発達障害の可能性に気がついたとき，行動観察などを通して，児童・生徒の実態を把握することを依頼される。行動観察からアセスメントを行い，支援が必要であるかどうか，支援の内容・方法について助言する。学校の環境を考慮し，現実的で可能な支援方法を助言することが必要である。

特別支援教室を利用している児童・生徒については，特別支援教室での指導についての助言も求められる。特別支援教室での指導開始時には，医療機関や教育相談などで実施した知能検査などの資料も提示され，個別指導計画を作成するにあたり，検査結果も参考として，目標や支援の方法についての助言を求められることがある。継続して指導を行っている場合には，指導による成果をアセスメントし，個別指導計画を見直すこと，さらに，特別支援教室での成果

が充分であることが確認できれば，時間数を段階的に減らし，在籍学級での指導に移行するために必要な配慮点についての助言を求められることもある。

　また保護者が学校に対して，説明を求めた際には，教員が行う面接に同席し，専門的な見地から，特別支援教育の必要性，成果などに関する意見を述べることが求められる。

　巡回相談において，助言をするにあたり大切なことは，心理士という立場から自らの専門性を活かし，教員の専門性を尊重し，対等な立場で話し合い，学校という環境において現実可能な支援方法を提案することである。

◆ 巡回相談をするために求められる専門性

　巡回相談をするにあたり，心理士等に求められている専門性は，児童の実態を発達の視点で捉えること，適切な合理的配慮が提案できること，必要なアセスメントについての助言ができること，学校の実態を理解した支援方法が提案できること，お互いの専門性を尊重したコンサルテーション能力があることなどである。

　特別支援教室等，教員の支援を目的とする巡回相談に従事する臨床発達心理士等の多くは，療育機関，教員，医療機関，研究機関など他の職域を経験した後に，その経験を活かしながら，巡回相談の目的に合わせて新たな対応を求められる。療育機関において個別指導を経験した場合は，アセスメントや支援方法には詳しいが，学校の実態を理解できないことがある。教員としての指導経験は，学校の実態に即した支援方法は提案できるが，心理士としての専門性を活かしたアセスメント，お互いの専門性を尊重したコンサルテーションが難しい場合もある。医療機関・研究機関経験者は，専門とする領域については高度かつ適切な助言ができるが，学校が求める多種多様な依頼すべてに助言することが難しい場合もある。

　巡回相談は，自らの専門性を活かしながら学校の多様なニーズにこたえるためにアセスメントを学び，発達障害のある児童・生徒への支援方法を具体的に提案する。そのためには，学校教育の役割を知り，教員とのコンサルテーションを通して新たな視点を得て自らを成長させる業務といえるだろう。

特別支援学校における支援——臨床発達心理士としての専門性を活かす特別支援学校教員——

西山剛司

　2017年に公示された「特別支援学校小学部・中学部学習指導要領」は，「学習指導要領とは（中略）教育課程の基準を大綱的に定めるものである」と述べている。そして，子どもたちの発達や障害の状況や周囲の環境の的確なアセスメントに基づいて具体的な学習内容や方法が組織されなければならず，その際，「専門的な知識や技能を有する」教員を中心として効果的に教育活動を行うよう求めている。

　「専門的な知識や技能を有する教員」の一つとして，臨床発達心理士資格を有する教員が挙げられる。臨床発達心理士は，「発達における『今ここの（生物・心理・社会）理解』『生成の理解』『具体性の尊重』という観点」（発達的観点）を重視することをその大きな特質としている。

　特別支援教育において重要なことは，発達に特別なニーズのある子どもに対し「自ら発達していく力」を培う支援をすることである。それは，「何かの知識や技能を教えること」に留まらず，自ら環境の情報を受け取り，それを活用して学ぶことへの支援である。それは，「環境を通した教育」であり，そのための「環境の整備」であり，そして，関わる教員も環境であるという理解である。その視点は，臨床発達心理学の「環境・生態学的視点」と一致する。

　また，臨床発達心理士が行う「臨床発達心理学的アセスメント」は，その支援の出発点である「子どもの発達の状況」，「子どもを取り巻く環境自体の発達」を捉えるものであり，より的確な支援の前提となる。

　このような視点や力量を持った存在としての臨床発達心理士は，「専門的な知識や技能を有する」教員の一翼を担って仕事をする上で，極めて有効である。ここでは，筆者がかつて勤務していた特別支援学校における「SCERTSモデルを活用した支援」を素材にして，特別支援学校教員が臨床発達心理士であることのメリットについて述べてみたい。

　筆者は，かつて特別支援学校小学部に勤務していた。担当していたのは知的障害が重度で自閉症のある児童たちであった。当時筆者らは，有効であると言われていた様々な支援技法を導入し，当面する色々な課題をなんとか解決して，楽しく，穏やかな学校生活を送ることにほぼ成功していた。しかし，子どもたちの将来を考えたときに，何か一つ足りない，これだけでいいのだろうかという不安も持っていた。今を上手く過ごせるのみならず，自ら発達する力を育てる必要があるのではないかということである。筆者は，臨床発達心理士資格を取得し，研修を受けたり，臨床発達心理士同士の交流をしたりする中で，そのことを強く感じるようになった。

　そのときに出会ったモデルの一つに SCERTS モデルがあった。SCERTS モデルは，社会コミュニケーションと情動調整の力を発達させることを大きな柱とし，同時に，関わる人々や環境への支援（交流型支援）も行うという，自閉スペクトラム症（以下，ASD）のある人たちへの包括的学際的な教育モデルである。社会コミュニケーションと情動調整の困難は，ASD のある人たちの経験する苦戦の大きな部分を占める。そこに直接支援を行い，本人が持つ「自ら発達していく力」を育てる取り組みは，当時の多くの教員にとっては，コロンブスの卵であった。発達的観点に立ってそれまでの実践を見直す中で，「何か一つ足りない」と感じていたことへの活路を見出すことができたのである。

　臨床発達心理士である筆者の提案で，「知的障害が重度で自閉症のある子ども」で編成されている 4 クラスが共同して取り組むことになった。SCERTS モデルの社会コミュニケーションと情動調整のアセスメントは，発達心理学の知識を必要とする。まず，筆者が講師となって勉強会を行った。その後，筆者が発達心理学の専門用語を解説したり，言い換えたりし，それぞれのクラス担任が共同して子どもを観察し，基準に照らしてアセスメントしていった。判断に迷うところは，筆者をチューターに皆で協議した。

　交流型支援のアセスメントは，自分で自分をアセスメントすることになるため，キチンとは実施できなかったが，そこに挙げられている観点は，支援目標を定め実際の支援を行う際に導きの糸となった。この交流型支援という観点は，臨床発達心理士が重視している「環境・生態学的調査」と重なり合い，一人一

人に適切な支援をする際，不可欠な視点である。また，交流型支援を実施する際，従前より活用してきた様々な支援技法やアプローチを個々バラバラに捉えるのではなく，発達的観点を縦糸とした連続的な支援の一環として捉えることができるようになった。そのため，一人一人の教員の経験をそのまま活かすことができたし，いろいろな立場や考え方を総合していく契機にもなった。

　約2年の実践の結果，端緒的とはいえるが，一人一人の子どもの中の「発達連関」が高まったことを示唆するデータを得ることができた。すなわち，「受け身」ではなく，自分の今持てる力を活用して，主体的に伸びていこうとする力が伸びつつあると推測できたのである。

　特別支援教育に特徴的なこととして「自立活動」という分野がある。ここで挙げられている「6区分27項目」の内容は「それらを相互に関連付け，具体的に指導内容を設定する」ものである。しかし往々にして一つ一つの項目をバラバラに捉えて指導内容を決めてしまうことになりがちである。臨床発達心理士は，「心理・学習・教育的側面において，認知発達，言語・コミュニケーション，社会・情動発達，運動発達など発達の各領域についての包括的なアセスメント」と支援を行うことを特徴としている。つまり，自立活動を的確に進めていく際にも，臨床発達心理士の果たす役割は大きいのである。

　このように，特別支援学校教員として，臨床発達心理士の専門性を活かす場面は，多々存在すると考えられる。

【文献】
文部科学省（2017）．特別支援学校小学部・中学部学習指導要領 https://www.mext.go.jp/component/a_menu/education/micro_detail/__icsFiles/afieldfile/2019/02/04/1399950_3.pdf
Prizant, B.M., et. al.（2010）．SCERTS モデル──自閉症スペクトラム障害の子どもたちのための包括的教育アプローチ　1巻　アセスメント　日本文化科学社
Prizant, B.M., et. al.（2012）．SCERTS モデル──自閉症スペクトラム障害の子どもたちのための包括的教育アプローチ　2巻　プログラムの計画と介入　日本文化科学社
Prizant, B.M.（2018）自閉症　──もうひとつの見方──福村出版
SCERTS 研究会：http://scerts.jp/
SCERTS 研究会・西ブランチ：https://scerts-west.com/

成人・青年期への支援
（発達障害学生への支援）

西村優紀美

◆ 大学等における障害学生支援

　2016年4月に施行された「障害者差別解消法」により，障害者に対する不当な差別的取り扱いの禁止や合理的配慮の提供が義務ないし努力義務となったことを受け，2017年4月に，文部科学省は「障害のある学生の修学支援に関する検討会」を開催し，「第二次まとめ」としてホームページ上で公開した（文部科学省，2017）。ここでは，大学，短期大学及び高等専門学校（以下，大学等）における支援の在り方についての基本的な考え方と合理的配慮に関する手順，教育環境の調整等，大学等が取り組むべき内容や留意点が示されている。

　大学生活を送る上で障害特性に対する合理的配慮が必要な場合，大学等は障害のある学生本人の意思を尊重しながら，学生と大学等が状況を共有・認識し，双方でより適切な合理的配慮の内容を決定するための建設的対話が行われていく。実際に合理的配慮が提供された後もモニタリングを通して，必要に応じて配慮内容の再検討が行われる。たとえ，学生本人から配慮に関する意思表明がない場合も，当該学生が自らの社会的障壁を認識して正当な権利を主張し意思決定や必要な申し出ができるように，大学は双方向の対話を継続していく必要がある。

◆ 合理的配慮に関する学生の意思決定支援

　発達障害学生の支援において重要な点は，支援者と本人との対話を通して，学生本人にとってより良い状況を一緒に見つけ出していくというプロセスにある。合理的配慮の提供は，学生が自ら適切な配慮を求めるという意思の表明が必要であり，大学側が誘導したり，学生の意思を聞かずに内容を決定したりするものではない。大学の支援者には，学生が自覚しにくい自身の困難さと支援

ニーズを自己認識していくことそのものを支援するという役割がある。「本人の意思決定を支える」という支援の在り方を常に念頭に置いて学生と向き合う姿勢が重要である。このような学生と大学支援者の関係性が，彼らのセルフアドボカシーを育て，より良いコミュニケーションの原型をモデルとして提供しているといえる。

　学生と支援者との面談は，合理的配慮に関する内容だけではなく，学生が過去から現在に至る様々な体験を語り，その時々の思いを語る場でもある。体験を物語る場合は「時系列に沿って語る場」であり，エピソードを物語る場合は「一つのトピックに絞って語る場」となる（西村，2018）。学生にとって面談の場は，自身の考えや思いを語る場であるが，支援者にとって面談の場は，対話を通じて学生自身が自分の考えを自分の意思として自覚し，それを表明する機会として機能している。ある学生は，「これまでの私の人生は，一生懸命に頑張るだけだった。診断を受けたからといって，すぐに適切な合理的配慮を要請できるわけではない。自分の中の何が障害で，どんな合理的配慮が必要なのかを一緒に話し合い，相談に乗ってくれる支援者が欲しい」と語る。一般的に発達障害学生は，「他の人は難なくやれていることが，なぜ自分はできないのか」，「自分の努力不足が原因。努力すれば他の人と同じようにできるようになる」と信じて頑張っていることが多く，合理的配慮を申請して学びやすい環境を整えるという考えに至るまでには丁寧な対話の時間を必要とする。また，診断がある学生でも，自身の特性を他の人に説明したり，配慮を求めたりする経験自体が少ないのが現状である。このような学生に対して支援者は，学生が語る機会を保障し，語ることによって学生が自身の特性を整理し，自分に必要な配慮を知り，大学に配慮を要請していく機会を保障することは，社会的自立に至る重要な支援プロセスであるといえるだろう。

◆ 自己理解を育む心理教育的支援

　障害者に対する合理的配慮の考え方が導入されることによって，教育機関においては，障害のある人への支援は，「善意」から「法令遵守」となった。しかしながら，大学教育の理念・目標を達成するための教育環境の整備や教育指

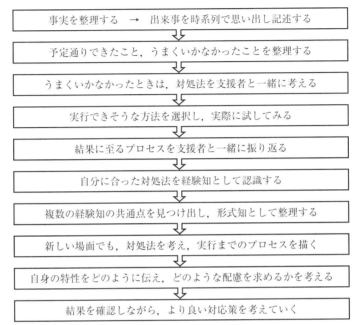

事実を整理する　→　出来事を時系列で思い出し記述する

予定通りできたこと，うまくいかなかったことを整理する

うまくいかなかったときは，対処法を支援者と一緒に考える

実行できそうな方法を選択し，実際に試してみる

結果に至るプロセスを支援者と一緒に振り返る

自分に合った対処法を経験知として認識する

複数の経験知の共通点を見つけ出し，形式知として整理する

新しい場面でも，対処法を考え，実行までのプロセスを描く

自身の特性をどのように伝え，どのような配慮を求めるかを考える

結果を確認しながら，より良い対応策を考えていく

図 5-5　個別支援：実行を支え，自己理解を育む

導の工夫は，教育者としての基本的な態度として持ち合わせておくべきもので
ある。また，青年期の発達課題としての彼らの心理的混乱や苦悩を，発達障害
の特性を念頭に置きながら，発達課題達成への道筋を描くことも支援者の役割
ではないだろうか。

　大学における障害学生支援は，次の二つの目的をもって支援が展開される。
一つは，「コンプライアンスに基づき，医学的診断書や各種心理検査の結果及
び入学前の支援状況を根拠とした合理的配慮の提供」であり，もう一つは，
「医学的診断の有無にこだわらず，修学上の困難さが，特性によるものである
と想定される学生を支援の対象にして，修学上の困りごとへの解決策を見つけ
る個別支援」である（西村，2018）。

　青年期の発達段階にある発達障害大学生への支援は，問題を解決したり解消
したりするプロセスを通して青年期の心身の成長をサポートする発達促進的な
意味合いがある（西村，2020（印刷中））。つまり，実際的な行動や，行動選択

に関する支援を一義的な目的にしながらも，彼らが直面している困りごとを言語的に表現する場を通して考えを整理し，自己理解に至るための発達保障としての意義がある（西村，2010）。

　彼らの心理的混乱や苦悩は，過去の体験に基づいた不安や未来の社会的自立への不安が根底にあることが多い。ある学生は，「これまで良かったと思えることが一度もなかった。でも，支援室で話を重ねていくうちに，対処方法の選択の幅が狭かっただけだとわかった。ようやく勉強する環境が整った。専門職として自立できるよう頑張りたい」と語る。支援開始当初は，学生は自己否定的な考えに支配され混乱することもあるが，支援者が彼らの実行を下支えすることで行動の変容が起こり，うまくやれる自分を発見することによって心理的な安定と精神的な成長が実現する。

　大学生活は，学生自身が大学で学ぶ目標や自身の将来像を描くこと，そして，自分自身の弱みと強みを引き受けつつ，肯定的な自己像を携えながら生きていく等，青年期のアイデンティティに関わる大きな課題に直面する時期である。このような青年期の発達段階にある発達障害学生の心的成長を促すための支援の重要性を強調したい。

【文献】

文部科学省（2017）．「障害のある学生の修学支援に関する検討会報告（第二次まとめ）について」http://www.mext.go.jp/b_menu/shingi/chousa/koutou/074/gaiyou/1384405.htm

西村優紀美（2010）．心理教育的アプローチ　斎藤清二・西村優紀美・吉永崇史　発達障害大学生支援への挑戦――ナラティブ・アプローチとナレッジ・マネジメント――pp.140-201．金剛出版

西村優紀美（2018）．発達障害のある学生の修学・就労支援　日本学生支援機構　https://www.jasso.go.jp/gakusei/tokubetsu_shien/event/theme/h30/__icsFiles/afieldfile/2019/07/29/2019_u_1.pdf

西村優紀美（2020）．高等学校の特別支援教育に期待すること――大学における障がい学生支援の実践から――　柘植雅義（監修）ハンディシリーズ「発達障害支援・特別支援教育ナビ14」金子書房（印刷中）

高齢者への支援

繭牟田洋美

◆ 高齢期の発達について：生物（身体）・心理・社会の観点で理解する

　介護予防では高齢者を自立，虚弱（フレイル），要支援・要介護に大別する。自立が8割以上を占め，残りが2割程度となる。高齢期は正常な発達，すなわち加齢により心身の健康・経済的基盤・社会的関係・生きがいを喪失しやすい。それゆえ，高齢期は人の一生の中で最もケアを要する時期である。

　援助者は高齢者の身体や発育を生物学的視点で正確にとらえることが必要である。同時に，心理学的視点や社会環境的視点からの理解が必要である。例えば，難聴など聴覚障害という生物学的問題を有した人は耳の聞こえが悪いという困りごとを抱えている。それは機能の問題だけではなく，対人関係や外界とのアクセスが悪くなる問題に派生する。つまり，他者との意思疎通が困難になり，屋外では車のクラクションが聞きとれず，事故に巻き込まれたりする危険性が高くなる。意思疎通の不調は会話や外出に対する自己効力感の低下やうつ症状の発生につながる。また，高齢期の女性に多く認められる尿失禁は生物学的問題だけではなく，自尊心に大きくかかわることが知られている。以上から，生物学的問題を入り口に，心理的・社会環境的問題など多角的に高齢者を観察，分析，理解し，他職種と情報共有と連携することが不可欠であろう。

　昨今，乳幼児のケアの際に高齢者が保護者として登場することがある。介護ストレスを抱えた中年者へのケアで被介護者である高齢者の状態像も把握する必要がある。つまり，心理職にとって，高齢者は高齢者自身へのケアだけではなく，他世代へのケアを含めて様々な場面で登場することを念頭にその実態についての理解を深めたい。

◆ 施設等での認知症者への支援

　高齢者の心の問題として，認知症，うつ病，不適応，ストレス，睡眠障害，

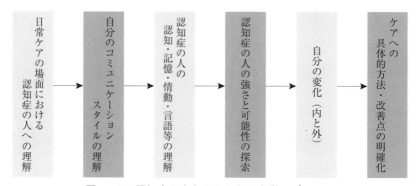

図5-6　認知症の人とのかかわりを学ぶプロセス
(Toseland & McCallion., 1998；野村 2014, p.91より作成)

神経症，高次脳機能障害，幻覚・妄想状態，若い時期から抱えている知的障害や統合失調症などがある。とりわけ，死を身近に感じる年齢となり，高齢者は死への不安を日常的に抱えることや社会的孤立という問題も生じる。これらを理解するには前項のように高齢者の多角的な把握が必要とされる。

　例えば，高齢者施設の心理職ならば，認知症高齢者のケアに携わる可能性は高い。認知症者の心理アセスメント，面接，援助（治療）の場面だけではなく，本人の日常生活および家族も含めたケアが必要となる。また，心理的ケアにおいて，どのような心理療法を選択するのかについて，専門職の経験値も重要となる。そのためには専門職が自己分析し，理解する力，謙虚さ，適切なバランスや忍耐力を時間をかけて培うことが大切になる（図5-6）。

◆ 地域高齢者への支援の一例：進化・歴史・個体史の観点で理解する

　地域には週1回未満の外出しかしない閉じこもり高齢者が1割以上いる。彼らは社会的フレイルに該当するが，閉じこもり生活は病気ではないため，多くの高齢者・同居家族等は要介護状態へ閉じこもりがもたらすリスクを知らない。

　筆者は自治体と協働で閉じこもり高齢者へライフレビューを活用した心理的支援を行ってきた。ライフレビューとは自分の人生をふりかえり，評価する心理療法である。外出に対する自己効力感の改善と閉じこもり解消の糸口を見出

すために，筆者や行政保健師が対象者宅に週1回60分間訪問し，計6回の個別ライフレビュープログラムを実施した（藺牟田，2016）。

　本来，ライフレビューは心理療法だが，治療ではなく，高齢者が構築してきた人間関係や興味など閉じこもり改善につながる情報をすくいあげ，日常生活を快適に過ごすための支援法として用いた。また，ライフレビューには対象者の進化の視点が包含される。高齢者の価値観を生物進化の軸で理解する試みである。例えば，心理職は高齢者がどこの言語・方言を獲得したかにより，その言語特有の価値観に触れるチャンスを得る。歴史的視点は，その人の誕生以来，どのような環境で育ってきたのかを指す家族の歴史である。それにより家族特有の価値観を知る。個体史は個人がどのような時代を生きてきたのか，例えば戦争・近親者の死や経済的困窮などの体験は個人の価値観に影響をもたらす。ライフレビューでの高齢者の語りから心理職は彼らの価値観をあまねく理解することが可能となる。

◆ 高齢期は個人差の時期：発達の多様性・具体性・個別性の観点で理解する

　高齢期は他の世代に比べて死が身近である。不安であるが，人生に希望がなくなるわけではない。認知症高齢者であっても，人の手を借りながら自律性を保ちつつ生活できる環境を整えることが専門家にとって重要な役目となる。

　筆者は高齢者の話を聞くたびに心躍る。聴き手が目の前の高齢者の人生に関心を寄せることができたら，高齢者のほとんどが抱えている不安は低減するのではないかと思う。一方，人生の先輩から，ケアする側が励まされることも多いのが高齢者支援の醍醐味である。今後，臨床発達心理士は在宅高齢者を支援する機会が増えるだろう。

　とりわけ，高齢期は個人差が大きい。個人内においても発達上の困難が徐々に増える時期である。発達における障害の多様性や一人ひとりの個別性の理解に徹底的に取り組んでいかない限り，真の問題解決にはつながらない（麻生，2017）という指摘はまさに高齢期にもあてはまる。認知症という同じ診断名がついても，一人ひとりの生活史，生活文脈の中で，表面に現れる困難さの「症

状」の意味づけは異なっている。個人の多様性，個別性，具体性を十二分に理解した上で，ケアの際には高齢者のその人らしさの尊重が専門職に求められている。

【文献】
麻生　武（2017）．臨床発達心理学とは何か　一般社団法人臨床発達心理士認定運営機構（編）臨床発達心理士わかりやすい資格案内　第3版　金子書房
繭牟田洋美（2016）．高齢者の閉じこもり　長田久雄・箱田裕司（編）　超高齢社会を生きる　誠信書房
野村豊子（2014）．高齢者とのコミュニケーション――利用者とのかかわりを自分の力に変えていく――　中央法規出版
Toseland. R.W., & McCallion, P.（1998）. *Maintaining Communication with Persons with Dementia : An educational program for nursing home staff and family members―Leader's Manual―*. Springer Publishing Company.

障害者の犯罪のアドボケーション

堀江まゆみ

　地域社会の中で社会的なトラブルや触法行為を犯した知的障害・発達障害のある人（以下，本人とする）の権利擁護やアドボケーションを進めていくことは，今後の臨床発達心理士に期待される大きな役割である。アドボケーションとは，本人を中心に据えて支援活動を組み立てることであり，本人に対するサポーティブな意思決定支援の活動である。

◆ 知的障害・発達障害のある人の「立ち直りに向けた」更生支援計画

　近年，注目されているのが「更生支援計画」である。更生支援計画とは，トラブルや触法行為を犯した本人の立ち直りに向けた個別支援計画である。心理職や福祉職の立場から，本人のレジリエンスが正常に機能するような支援を行い，本人が同じような行為に及ばずに，安心してその人らしい生活ができることを目指す。主に刑事手続において，検察官や裁判官に向けて提出される。本人の知的能力や障害特性のアセスメント分析，成育歴や犯罪行為の生起要因の分析，保障されるべき支援内容，特に，地域で十分な支援を受けて生き直しをすることが結果的に再犯率が低くなることについて，エビデンスをもとにわかりやすく解説することが重要である。公判において情状証人として検察官，裁判官に対して証言することも求められる。多面的なアセスメントや他職種が納得できるプレゼンテーションを行うことなど，臨床発達心理士の専門性を十分に発揮する機会であると言える。

◆ リスクアセスメント「ARMIDILO-S」(性加害者の包括的リスク評価)

　触法行為者本人への介入支援にリスクアセスメントは欠かせない。リスク・ニーズ反応モデルでは，高リスク者に対し，低濃度の介入プログラムを実施しても効果が得られず，再犯率が高くなるとともに，低リスク者に対し高濃度な

介入を行うと，逆に再犯率が高くなる。リスクアセスメントツールを活用し，適切な介入方法を行うことが重要である。リスクアセスメントには，静的アセスメントと動的アセスメントがある。後者は介入によって変化する要因に注目したもので，知的障害・発達障害のある性加害行為者に対する動的アセスメント ARMIDILO-S（The Assessment of Risk and Manageability for Individuals with Developmental and Intellectual Limitations who Offend Sexually）がある。18歳以上の男性性犯罪者で，知的機能がボーダーラインの領域か（IQ70〜80の範囲で適応機能の欠陥がある），知的障害のある人（IQ70以下で適応機能の制限がある）を対象に開発された。本人をとりまくサポートワーカー，ケースマネジャー，保護監察官，住宅提供者，臨床家，プログラム管理者が，不適切な性的行動のリスクを特定し支援することを手助けするために設計されたものである。評価する4つの項目は，①クライエント項目【持続】，②クライエント項目【急性】，③環境項目【持続】，④環境項目【急性】であり，具体的なエピソードをもとに質的な分析を行う。特に，リスク要因だけでなく，保護要因（リスクを低減させる契機となりえる要因）をアセスメントし探し出すことが有益な特徴である。

◆ トラブルや触法行為等の問題行動のある知的障害・発達障害のある発達症の人たちを地域で支えるために：地域 TS（トラブルシューター）ネットワークの構築による支援基盤

　知的障害・発達障害のある触法行為者に向けた「セルフアドボカシー支援に向けた学習プログラムに関する取組」が今，各地で進められている。文部科学省から「障害者の多様な学習活動を総合的に支援するための実践研究」を受託した NPO 法人 PandA-J（代表理事：堀江まゆみ）は，主として性問題行動をもつ当事者へのセルフアドボカシーに向けた新しい学習プログラムの開発と実践的活用法の検討や学習プログラムを実施するために，全国各地の基盤整備及び支援者養成とコーディネーター活用などに取り組んでいる。本活動の特徴は，問題行動のある本人たちを地域で支えるための基盤整備として，トラブル・シューター・ネットワーク（TS）を各地に作り出すことを進めている点にある。

TS とは，障害福祉，心理，教育，医療，司法などの関係者が，当事者支援の一点で集まり，学習や事例検討を重ね，それぞれの専門性を生かしつつその垣根を超えて，ネットワークで当事者を支える協働システムであり，その基盤を生かした学習プログラム（本人向けのセルフアドボカシー講座）を実施している。本人部会＋地域活動支援センターを核としたものや，県発達障害者支援センターを核とした多職種連携，就労支援 B 型事業所＋矯正・特別支援教育関係者，基幹相談支援センターを核とした多職種連携，児童相談所と福祉型障害児施設連携，などがある。

◆ 知的発達に制約のある青少年や成人の性問題行動への介入プログラムとその実践

PandA-J が開発しているセルフアドボカシー支援に向けた学習プログラムは，リスク・ニード・コンディションに応じて 3 つのプログラムを選択できるように考えられている。

(1) SOTSEC-ID プログラム

イギリスのケント大学との共同研究による性犯罪リスクのある知的障害者向け認知行動療法である SOTSEC-ID（Sex Offender Treatment Services Collaborative‐Intellectual Disability）が各地の TS をベースに実施されてきた。SOTSEC-ID プログラムは，高リスクの知的障害・発達障害のある成人向けプログラムであり，認知行動療法やリラプスプリベンションモデル，グッドライブズモデル，などの犯罪防止のための治療コンポーネントに加えて，犯罪を犯した知的障害者を地域社会で継続して支援し続けるための支援者支援のためのシステムが組み込まれている。この点がこれまでのプログラムに比べての特色である。

(2) Keep Safe（ySOTSEC-ID）プログラム

有害な性行動のある思春期・青年期の知的障害者へのグループ向けプログラムである Keep Safe（ySOTSEC-ID）を TS ベースおよび中央児童相談所ベースで実施している。このプログラムは，青少年の性問題行動への早期介入が大事であるとの認識から，SOTSEC-ID の経験を活かしつつ，当事者グループの

意見を取り入れ，ニュージーランド WellStop（http://www.wellstop.org.nz/）
の GoodWay モデルや仮想キャラクターを通してのナラティブ・アプローチに
基づく青少年向けのプログラムとして開発された。ビジュアル教材やロールプ
レイ，チル・アクティビティの多用と繰り返しや個人の理解レベルに応じた学
習スタイルを導入し，12〜25歳程度，IQ40台にも対応できるプログラムであ
る。週1回2時間の当事者向けのプログラム（6モジュール38セッション）と，
保護者・支援者向けプログラム（16セッション）を組み込んでいる。以下は
Keep Safe プログラムの特徴である。

1．グッドライフのためには，グッドサイドの声を聞きグッドウエイを行
　　くという一貫したシンプルなメッセージが特徴である。
2．性と関係性の教育にネットと友人関係の同調圧力を加えた。
3．ABC モデルを「思考・感情・行動」でまとめ，感情コントロールに
　　重きを置き，そのためのチル・アクティビティをいくつか用意し習慣
　　化を図る。
4．私の問題行動を理解するツールとして，架空のキャラや，バッドサイ
　　ドの住人である3人の悪者とグッドサイドの声を演じる3人の賢者を
　　登場させる。
　　悪者（卑劣，虐待的，衝動的）⇔ 賢者（正直，良く考える，他人想い）
　　＊自分の性的問題行動をキャラクターに託して演じることで，直面化
　　　による侵襲性を減じるとともにブリーフセラピーで言うところの
　　　「問題の外在化」（問題を外に出して客体化＝キャラ化し，それに対
　　　する対応策を考える）効果もある。これは従来の認知の歪みへの取
　　　組とリラプスプリベンションを合わせたような展開となる。
5．共感セッションは，（彼らもまた虐待の被害者である）当事者に対す
　　る共感を前提。ロールレタリング親への手紙を合同セッションで読
　　む等。
6．グッドライフを目指した再発防止計画＝キープセーフ・プラン。
　　　　　　　　　　　　　　　　　　　　　　　　　（PandA-J 2019より）

　このような性問題行動を繰り返す人たちのための危機介入支援プログラムが今，児童相談所での心理職，発達障害者支援センターでの心理職，他，特別支援学校高等部等で実践されてきている。今後，各地の臨床発達心理士グループが実施啓発のコアになることを期待したい。

【文献】
堀江まゆみ・水藤昌彦（監修）東京 TS ネット（編）（2016）．更正支援計画をつくる——罪に問われた障害のある人への支援——　現代人文社
堀江まゆみ・PandA-J 他（2018）．セルフ・アドボカシー支援に向けた学習プログラムに関する取り組み2018年度報告書　文部科学省障害者の多様な学習活動を総合的に支援するための実践研究

あ と が き

　臨床発達心理士は,「発達的観点に立ち人の健やかな育ちを支援する」の理念の元に, 2001年12月に4学会の連合資格として誕生した。2002年度の資格認定開始以降, 2019年4月現在, 17回の認定を経て4,000名以上の有資格者が誕生している。臨床発達心理士は育児や家庭支援, 保育所や学校現場での支援, 医療・保健・福祉・司法機関等における支援など, 地域と結びついた支援活動を多岐にわたって展開している。

　そのような中, 2018年には, 心理職の初の国家資格である公認心理師の認定が開始された。公認心理師は, さまざまな分野にまたがる領域横断的な汎用性のある資格である。それに対し, 臨床発達心理士は, 発達理論を土台として, 発達的観点に立つアセスメントと支援技術の専門性に特化された資格である。また, 大学院修士課程修了レベルの知識と技能を有することを認定の基準としている。公認心理師の誕生は, 人の健康に対する心理的支援の有用性や重要性が国家によって認められたという時代の変革を表す証左である。と同時に, 臨床発達心理士は, 公認心理師の登場によって, 発達支援のレベルをいっそう向上・深化させていかなければならない責務を負ったとも言えるだろう。

　公認心理師が生まれたことによって, 2018年度より臨床発達心理士資格の申請制度が大幅に改変された。その大きなポイントは, 公認心理師有資格者の申請を開始したことである。臨床発達心理支援の魅力や有効性を知り, 多くの公認心理師有資格者に臨床発達心理の専門性を有した支援実践を行っていただきたい, との期待の上での改変であった。

　この『臨床発達心理士　わかりやすい資格案内　第4版』では, 臨床発達心理学・臨床発達心理士の特徴や, 公認心理師との関係を解説し (第1章), 新しい申請のしくみを紹介した (第2章)。そして, 資格取得後にどのような方法で自らの専門性を深めていくのかに関して記載している (第3章)。その上で, 臨床発達心理士の多方面にわたる具体的な実践例を紹介した (第4章・第5章)。記載例は, 現在まさに進行中の実践である。臨床発達心理士は, 今ある社会・文化的な状況のなかに複雑に組み込まれた諸々の課題に対峙し, 生活文脈に沿った支援を行っている。そのことの一端をご理解いただけるのではな

いだろうか。

本書を通して，臨床発達支援の特徴や有用性・有効性を読み取っていただければと願う。そして，心理的支援を志す若い方々，公認心理師，教育・福祉・医療・保健・司法等の現場における支援者など，多くの皆様に，ぜひとも本資格を取得して，臨床発達支援に臨んでいただきたい。

なお，申請にあたっては申請年度の『臨床発達心理士　認定申請ガイド』の入手が必須となる。『臨床発達心理士　認定申請ガイド』には，当該年度の申請に必要なすべての情報と申込書類等が含まれており，別途事務局からお求めいただく必要がある。詳しい情報や最新の情報は，臨床発達心理士認定運営機構のホームページ（https://www.jocdp.jp/）で確認していただきたい。

最後に，ご多忙のところ短い期間でご執筆いただいた執筆者の皆様，的確なアドバイスをくださりながら編集の実務を行っていただいた金子書房の井上誠氏に，心より感謝申し上げる。

2019年 7 月31日

西本絹子（編集代表）

編集代表

西本　絹子　明星大学

編集委員

佐久間路子　白梅学園大学
田爪　宏二　京都教育大学

執筆者 （執筆順）

本郷　一夫　東北大学
西本　絹子　明星大学
黒田　美保　名古屋学芸大学
相澤　雅文　京都教育大学
尾崎　康子　東京経営短期大学
星　　茂行　葛飾区役所福祉部障害福祉課
吉川　知夫　国立特別支援教育総合研究所
伊藤　英夫　文京学院大学
金谷　京子　聖学院大学
平野　幹雄　東北学院大学
亀田　良一
三宅　篤子　東京特別支援教育心理研究センター
田丸　尚美　広島都市学園大学
木原久美子　帝京大学
松村　裕美　両国発達支援センターあんと
森下由規子　明星大学
西山　剛司
西村優紀美　富山大学
藺牟田洋美　首都大学東京
堀江まゆみ　白梅学園大学

（所属は執筆時）

```
┌─── 一般社団法人  臨床発達心理士認定運営機構 ───┐
〒160-0023 東京都新宿区西新宿6-20-12 山口ビル8F
FAX：03-6304-5705
メールアドレス：shikaku@jocdp.jp
ウェブページ：http://www.jocdp.jp/
```

臨床発達心理士　わかりやすい資格案内［第4版］

2005 年 8 月 31 日	初　版第 1 刷発行	〔検印省略〕
2009 年 4 月 10 日	第 2 版第 1 刷発行	
2017 年 4 月 11 日	第 3 版第 1 刷発行	
2020 年 3 月 26 日	第 4 版第 1 刷発行	

編　者　一般社団法人 臨床発達心理士認定運営機構

発行者　　　　　金 子 紀 子

発行所　株式会社　金 子 書 房
〒112-0012　東京都文京区大塚 3-3-7
電話　03-3941-0111㈹
FAX　03-3941-0163
URL　http://www.kanekoshobo.co.jp
振替　00180-9-103376
印刷・藤原印刷　製本・一色製本

© 2020 Japanese Organization of Clinical Developmental Psychologist
ISBN978-4-7608-3830-1 C3011
Printed in Japan